CENTRAL AMER
OF THE D̶E̶A̶D̶

"[N]ewly born from death," these voices, these bodies, refuse to vanish from the face of the earth. Fiercely lyrical, burning with fury, these immigrants now live eternally in the world, in us. Each voice is haunting, inerasable. Collectively, the voices crash through false propagandas, rewrite what we call history. Dan Bellm's translations are as intimate as whispered conversations around a kitchen table. Balam Rodrigo's poetic gifts are mind-blowing—I'm so thankful for his voice, which in this singular book, ignites into a blazing chorus.

—Eduardo C. Corral, author of *Slow Lightning* and *Guillotine*

In Dan Bellm's meticulous rendering of Balam Rodrigo's *Central American Book of the Dead*, the voices of the dead speak in heartbreaking detail of the atrocities committed against them in Mexico as they tried to reach the United States. But they also tell of their dreams, their loves, their yearnings for the homelands they've left behind. Each poem testifies not only to the complicity of governments in the conditions that force migrants to leave their homes, but also to the brutal colonial origins of the violence they face in their journey to a better life. More than testimony, each poem is a burial rite, Rodrigo's restoration of the humanity of those murdered and abandoned. This book will haunt you, as well it should.

—Rosa Alcalá, author of *MyOTHER TONGUE*

Balam Rodrigo transports readers across literary borders, to a Latin American tradition in which poetry delivers information—and emotion—silenced by the powerful. *Central American Book of the Dead* leaves readers with images and stories of life, death and overcoming that refuse to be buried beneath the superficialities of what passes for "news." A book as daring as the migrants who undertake the perilous journey north.

—Roberto Lovato, author of *Unforgetting*

Balam Rodrigo's *Central American Book of the Dead* is a book that all non-Central Americans, especially Mexicans, should read. The book is a retelling of Bartolomé de las Casas' *A Brief Account of the Destruction of the Indies*, but remixed to show us that the colonial machinery is still very much at work in the "fertile burying ground called Mexico." With Dan Bellm's brilliant and careful translation, the book becomes the very country where these atrocities take place. It is the self-implicating account of Mexico's violent history, written by a Mexican, that I've been waiting for.

—Javier Zamora, author of *Unaccompanied* and *Solito: A Memoir*

CENTRAL AMERICAN BOOK OF THE DEAD

LIBRO CENTROAMERICANO DE LOS MUERTOS

by

Balam Rodrigo

Translated by Dan Bellm

FLOWERSONG
PRESS

FLOWERSONG
PRESS

Central American Book of the Dead / Libro centroamericano de los muertos
by Balam Rodrigo. Translated by Dan Bellm. A binlingual
collection, in English and Spanish.

Library of Congress Control Number: 2023930121
ISBN 978-1-953447-39-5

Originally published as *Libro centroamericano de los muertos* by Balam
Rodrigo. D.R. © 2018, Fondo de Cultura Económica. Carretera
Picacho Ajusco 227, 14110 Ciudad de México.

Published by FlowerSong Press
in the United States of America.
www.flowersongpress.com

Cover photo by Verónica G. Cárdenas.

Set in Garamond.
Typeset for FlowerSong Press by David A. Romero.
davidaromero.com

NOTICE: SCHOOLS AND BUSINESSES
FlowerSong Press offers copies of this book at quantity discount
with bulk purchase for educational, business, or sales promotional
use. For information, please email the publisher at
info@flowersongpress.com

ÍNDICE

Sermon del Migrante (Bajo Una Ceiba) 18

De la Provincia e Reino de Guatimala 22

14°40'35.5" N 92°08'50.4" W – (Suchiate, Chiapas) 24

Habla Bal'am K'itze' (Popol Wuj) 30

14°53'37.0" N 92°14'49.0" W – (Tapachula, Chiapas) 32

27°54'14.4" N 99°53'44.9" W – (Sabinas, Coahuila) 36

Emigra el quetzal hacia la biosfera del volcán Tacaná 38

De la Provincia de Cuzcatán e Villa de Sant Salvador 42

16°07'12.1" N 93°48'11.7" W – (Tonalá, Chiapas) 44

18°07'34.1" N 94°29'01.4" W – (Coatzacoalcos, Veracruz) 48

17°26'48.0" N 91°23'40.7" W – (Tenosique, Tabasco) 52

De la Provincia e Islas de Tierra Firma de Honduras 56

25°46'27.3" N 103°15'43.2" W – (Francisco I. Madero, Coahuila) 58

27°36'07.1" N 99°34'33.6" W – (Nuevo Laredo, Tamaulipas) 60

Oración del migrante 64

Identifican restos de 8 migrantes hondureños asesinados en México 70

CONTENTS

Sermon of the Migrant (Beneath a Ceiba Tree)................................19

Concerning the Province and Kingdom of Guatimala.....23

14°40'35.5" N 92°08'50.4" W – (Suchiate, Chiapas)..............................25

Balam Kitzé Speaks (Popol Vuh)..31

14°53'37.0" N 92°14'49.0" W – (Tapachula, Chiapas) 33

27°54'14.4" N 99°53'44.9" W – (Sabinas, Coahuila)................................37

The Quetzal Migrates North 39

Concerning the Province of Cuzcatán and City of Sant Salvador...43

16°07'12.1" N 93°48'11.7" W – (Tonalá, Chiapas) 45

18°07'34.1" N 94°29'01.4" W – (Coatzacoalcos, Veracruz) 49

17°26'48.0" N 91°23'40.7" W – (Tenosique, Tabasco) 53

Concerning the Province and Islands of Honduras 57

25°46'27.3" N 103°15'43.2" W – (Francisco I. Madero, Coahuila)..........59

27°36'07.1" N 99°34'33.6" W – (Nuevo Laredo, Tamaulipas) 61

Migrant's Prayer..65

Remains Identified of Eight Honduran Migrants Killed in Mexico 71

20°30'21.2" N 99°52'03.6" W – (San Juan del Río, Querétaro) 72

Estiman que 80% de mujeres migrantes centroamericanas son violadas en México al intentar cruzar a Estados Unidos 78

Album Familiar Centroamericano (1) 82

Del Reino e Provincias de Nicaragua 86

14°54'18.8" N 92°21'14.1" W – (Huehuetán, Chiapas) 88

Ataque a tren en México hiere a migrantes de Nicaragua 90

Las Patronas 92

Fallece en hospital mutilado por La Bestia 96

19°35'29.9" N 99°09'03.3" W – (Tultitlán, Estado de Mexico) 98

Album Familiar Centroamericano (2) 100

Del Reino e Comarcas de Méjico 108

Caravana   de madres centroamericanas en busca de sus hijos desaparecidos en tránsito por México 110

Hablan los que migran por México 112

El migrante 122

Posfacio 124

Notas 132

20°30'21.2" N 99°52'03.6" W – (San Juan del Río, Querétaro) 73

An Estimated 80% of Central American Women Migrants Are Raped in Mexico En Route to the United States 79

Central American Family Album (1) 83

Concerning the Kingdom and Provinces of Nicaragua...87

14°54'18.8" N 92°21'14.1" W – (Huehuetán, Chiapas) 89

Nicaraguan Migrants Injured in Mexico Train Attack 91

The Patron Saints 93

Death Train Maiming Victim Succumbs in Hospital 97

19°35'29.9" N 99°09'03.3" W – (Tultitlán, Estado de Mexico)................. 99

Central American Family Album (2) 101

Concerning the Kingdom and Localities of Méjico........ 109

Caravan of Central American Mothers Crosses Mexico, Searching for Their Disappeared Children 111

Voices of Migrants Through Mexico 113

The Migrant... 123

Postface 125

Notes 133

A Victor Manuel Pérez García, mi padre:
hermano, amigo, benefactor y defensor de cientos de
migrantes centroamericanos

A Gabriela Hernández García, mi madre:
costurera de las heridas del mundo, siempre con amor

A Aldo Adrián, Canek, Ixchel Itzá, Exa Zamná, Cisteil Xinum,
Jerjes Jonás y Gabriela Quitzé, mis hermanos

A todos los centroamericanos que fueron y son parte de mi
familia, y a todos los migrantes de Centroamérica:
para ustedes mi lengua y mi corazón trashumante

A Itzel, Yari y Victor Kaleb, con ágape

To my father, Victor Manuel Perez García,
brother, friend, benefactor and defender of hundreds
of Central American migrants

To my mother, Gabriela Hernández García,
loving mender of the wounds of the world

To my brothers and sisters, Aldo Adrián, Ixchel Itzá, Exa
Zamná, Cisteil Xinum, Jerjes Jonás and Gabriela Quitzé

To all the Central Americans who were and are part of my
family, and to all the migrants of Central America,
I offer my nomadic tongue and heart

To Itzel, Yari, and Victor Kaleb, con ágape

NOTA DEL AUTOR

En el presente libro, tanto el subtítulo y el epígrafe inicial, como los subtítulos y los epígrafes de todas las secciones corresponden a fragmentos de la obra *Brevísima relación de la destruición de las Indias*, colegida por el obispo don fray Bartolomé de las Casas o Casaus, de la orden de Santo Domingo, año 1552. Sin embargo, realicé intervenciones, actualizaciones, incorporaciones y reapropiaciones en dichos epígrafes a manera de palimpsesto, las cuales se encuentran en cursivas. Sin embargo, he respetado la sintaxis, la ortografía y la gramática particulares del texto de don fray Bartolomé de las Casas.

AUTHOR'S NOTE

This book's subtitle and epigraph, and those of its sections, correspond to passages from *A Brief Account of the Destruction of the Indies*, compiled by the bishop Fray Bartolomé de las Casas, or Casaus, of the Dominican order, in the year 1552. I have taken some liberties with the text, introducing updates and additions to it in the manner of a palimpsest, and noting these changes in italics, but I have sought to preserve the particularities of syntax, spelling, and grammar in Fray Bartolomé's original text.

LIBRO CENTROAMERICANO DE LOS MUERTOS

Brevísima relación de la destruición
de *los migrantes de Centroamérica*,
colegida por el autor, *de la orden
de los escribidores de poesía,
año de MMXIV*

CENTRAL AMERICAN BOOK OF THE DEAD

A brief account of the destruction
of *Central American migrants*,
gathered by the author,
of the order of poets,
in the year MMXIV

ARGUMENTO DEL PRESENTE POEMARIO Y PALIMPSESTO FIEL

Todas las cosas que han acaecido en *México, contra los* *migrantes centroamericanos en tránsito hacia los Estados Unidos* [...] entre estas son las matanzas y estragos de gentes inocentes [...] que en *este país* se han perpetrado, y que todas las otras no de menor espanto. Las unas y las otras refiriendo a diversas personas que no las sabían, *por lo que fui* rogado e importunado que de estas postreras pusiese algunas con brevedad por escripto. *Así, muy a pesar mío, y con toda la indignación y la rabia míos, testifico que* [...] muchos insensibles hombres que la cobdicia y ambición ha hecho degenerar del ser hombres, y sus facinorosas obras traído en reprobado sentido, que no contentos con las traiciones y maldades que han cometido, despoblando con exquisitas especies de crueldad *a aquellas* *gentes, los centroamericanos de Guatemala, El Salvador, Honduras, Nicaragua, y aun de otros muchos países más* [...] para tornarlas a cometer y otras peores (si peores pudiesen ser), acordé presentar esta suma *poética,* de lo que cerca de esto *escribí, para Vd. Sr. Lector.* Y esta es la razón del siguiente epítome, o brevísima relación *literaria.*

Fin del argumento

—Fray Bartolomé de las Casas, obispo de Chiapas,
Brevísima relación de la destruición de las Indias,
dirigida al Príncipe Felipe de España, 1552,
y modificado, *en cursiva,* por el presente autor

ARGUMENT OF THE PRESENT
COLLECTION OF POEMS
AND FAITHFUL PALIMPSEST

In order to recount the slaughter and ruin of innocent people that has taken place *in Mexico against Central American migrants to the United States* [...] and to disclose such deeds and acts of equal horror to persons who have not known of them [...] I have been begged and entreated to put them briefly into writing. *Thus to my great sorrow, and in outrage and fury, I testify that* [...] many men hardened of heart have let rapacity and covetousness cast them out of human state, and, led by their wickedness to degeneracy of mind, and not content with their acts of treason and evil, depopulating with extreme cruelty *the Central American nations of Guatemala, El Salvador, Honduras, Nicaragua, and even further countries* [...] continue to commit these acts and others yet worse, if such be possible; wherefore I have resolved to present this summary *in poetry to you, esteemed Reader,* and that is the purpose of the following *literary* account.

End of argument

—Fray Bartolomé de las Casas, Bishop of Chiapas,
A Brief Account of the Destruction of the Indies,
addressed to Prince Philip of Spain, 1552,
and amended, *in italics,* by the present author

Sermon del Migrante
(Bajo Una Ceiba)

Declaro: Que mi amor a Centroamérica muere conmigo.
—Francisco Morazan

Y Dios también estaba en exilio, migrando sin término;
viajaba montado en *La Bestia* y no había sufrido crucifixión
sino mutilación de piernas, brazos, mudo y cenizo todo Él
mientras caía en cruz desde lo alto de los cielos,
arrojado por los malandros desde las negras nubes del tren,
desde góndolas y vagones laberínticos, sin fin;
y vi claro cómo sus costillas eran atravesadas
por la lanza circular de los coyotes, por la culata de los policías,
por la bayoneta de los militares, por la lengua en extorsión
de los narcos, y era su sufrimiento tan grande
como el de todos los migrantes juntos, es decir,
el dolor de cualquiera; antes, mientras estaba Él en
      Centroamérica,
esa pequeña Belén hundida en la esquina rota del mundo,
nos decía en su sermón del domingo, mientras bautizaba
a los desterrados, a los expatriados, a los sin tierra,
a los pobres, en las aguas del agonizante río Lempa:
"El que quiera seguirme a Estados Unidos,
que deje a su familia y abandone las maras, la violencia,
el hambre, la miseria, que olvide a los infames
caciques y oligarcas de Centroamérica, y sígame";
y aún mientras caía, antes aun de las mutilaciones,
antes de que lo llevaran al forense hecho pedazos
para ser enterrado en una fosa común como a cualquier otro
centroamericano, como a los cientos de migrantes

Sermon of the Migrant
(Beneath a Ceiba Tree)

I hereby declare: my love for Central America dies with me.
—Francisco Morazán

And God too was in exile, migrating without end;
he traveled, riding The Beast, and had not been crucified
but was maimed in the arms and legs, mute, and ashen all over
as he fell in the shape of a cross from the highest heavens,
thrown down by delinquents from the black clouds of the
      train,
from the endless labyrinth of gondolas and boxcars,
and I saw plainly how his ribs had been pierced
by the curved spears of smugglers, the gun butts of cops,
the bayonets of soldiers, the narcos' extorting
tongues, and his suffering was as great
as that of all the migrants put together, which is to say,
it was like anybody's pain; before, when he was in Central
      America,
that little Bethlehem sunken down in a broken corner of the
      world,
he said to us in his Sunday sermon as he baptized
the banished and exiled, the landless
and poor, in the waters of the dying Río Lempa:
"Let those who would come with me to Estados Unidos
leave their families behind and abandon the gangs, the
      violence,
the poverty and hunger, and forsake the despicable
bosses and oligarchs of Central America, and follow me."
And yet, as he fell, even before the mutilations,
before they carried him to the coroner's office torn to pieces,
to be buried in a common grave like any other
Central American, like the hundreds of migrants

que cada año mueren asesinados en México,
mientras caía con los brazos y las piernas en forma de cruz,
antes de llegar al suelo, a las vías, antes de cortar Su carne
las cuadrigas de acero y los caballos de óxido de *La Bestia*,
antes de que Su bendita sangre tiñera las varias coronas de
      espinas
que ruedan sobre los rieles clavados con huesos
a la espalda del Imperio mexica, el Señor recordó en visiones
a su discípulo Francisco Morazán y le dio un beso en la mejilla,
y tomó un puñado de tierra centroamericana y ungió con ella
su corazón y su lengua, y recordó que Morazán le preguntó
      una vez,
mientras yacían bajo la sombre de una ceiba,
aquella en la que había hecho el milagro de multiplicar el
      aguardiente
y las tortillas: "Maestro, ¿qué debemos hacer si nos detienen
y nos deportan?", a lo que Él respondió: "Deben migrar
      setenta
veces siete, y si ellos les piden los dólares y los vuelven a
      deportar,
denles todo, la capa, la mochila, la botella de agua, los zapatos,
y sacudan el polvo de sus pies, y vuelvan a migrar nuevamente
de Centroamérica y de México, sin voltear a ver más nunca,
      atrás…"

[handwritten annotation:] dehumanized; had to conform to rules in midst of migration

who are murdered every year in Mexico,
as he fell with his arms and legs in the shape of a cross,
before hitting the ground, the tracks, before his flesh was torn
by the steel chariots and iron horses of The Beast,
before his sacred blood stained the various crowns of thorns
that roll along rails that were riveted in with bones
on the Aztec Empire's back, the Lord recalled in visions
his disciple Francisco Morazán and kissed his cheek,
and took up a handful of Central American dirt to anoint
his tongue and heart, and recalled that Morazán had asked him
        once,
as they lay in the shade of a ceiba tree,
the very one where he'd worked the miracle of multiplying the
        moonshine
and tortillas, "Master, what should we do if they arrest us
and deport us?" to which he responded, "You must migrate
        seventy
times seven, and if they ask you for dollars and deport you
        again,
give them all you have, your garment, your backpack, your
        water bottle, your shoes,
and shake the dust from your feet, and migrate once more
from Central America and from Mexico without turning, ever
        again, to look back…"

DE LA PROVINCIA E REINO
DE GUATIMALA

Digo verdad que de lo que *todos estos genocidas* hicieron en mal, y señaladamente *de los que fueron asesinos* de los *migrantes originarios del* reino de Guatimala, porque [...] podría expresar e collegir tantas maldades, tantos estragos, tantas muertes, tantas despoblaciones, tantas y tan fieras injusticias que espantasen los siglos presentes y venideros e hinchese dellas un gran libro. Porque *esta masacre* excedió a todos los pasados y presentes, así en la cantidad e número de las abominaciones que hizo *y consintió el Estado mexicano*, como de las gentes que destruyó e tierras que hizo desiertas, porque todas fueron infinitas.

—Fray Bartolomé de las Casas

Vámonos patria *a migrar*, yo te acompaño.
—Otto René Castillo

22

CONCERNING THE PROVINCE
AND KINGDOM OF GUATIMALA

I say in truth that if all the evil acts committed by *these genocidal killers*, most especially by *those who have murdered migrants native to* the Kingdom of Guatimala—so many crimes, ravages, deaths, and banishments of peoples from their lands, so many savage acts of injustice to strike horror not only in this century but in those to come—were to be expressed and gathered together, they would make for a very large book. For *this massacre* has exceeded all such of the past and present, in the quantity and number of abominations *the Mexican government* has committed *and allowed to be committed,* and in the peoples it has destroyed and lands it has laid waste, because these have been infinite.

—Fray Bartolomé de las Casas

Let's go, country, and I will *migrate* with you...
—Otto René Castillo

14°40'35.5" N 92°08'50.4" W – (Suchiate, Chiapas)

Este es el origen de la reciente historia de un lugar llamado
    México.

Aquí migraremos, estableceremos la muerte antigua
y la muerte nueva, el origen del horror, el origen del
    holocausto,
el origen de todo lo acontecido a los pueblos de
    Centroamérica,
naciones de la gente que migra.

Vine a este lugar porque me dijeron que acá murió mi padre
en su camino hacia Estados Unidos,
sin llegar a ver los dólares ni los granos de arena en el desierto.

Bajé de los Cuchumatanes, desde los bosques
de azules hojas de la nación Quiché,
desde la casa en donde habitan la niebla y los quetzales
hasta llegar, cerca de Ayutla, a la orilla del río Suchiate.

Abandoné el olor a cuerpos quemados de mi aldea,
la peste militar con sus ladridos de "tierra arrasada"
mordiendo hueso y calcañar con metrallas y napalm,
su huracán de violaciones y navajas
que aniquilaba a los hombres de maíz con perros amaestrados
por un gobierno que alumbra el camino de sus genocidas
con antorchas de sangre y leyes de mierda.

Hui del penetrante olor a odio y podredumbre;
caminé descalzo hasta el otro lado del inframundo
para curarme los huesos y el hambre.

. . .

24

14°40'35.5" N 92°08'50.4" W – (Suchiate, Chiapas)

This is the beginning of the recent history of a place called
    Mexico.

Here we'll journey, here we'll establish death both ancient
and new, the beginning of horror and holocaust,
of all that has happened to the peoples of Central America,
the migrant nations.

I came to this place because they told me my father died here
on his way to Estados Unidos
without reaching it to see any dollars or grains of desert sand.

I came down from the Sierra of the Cuchumatanes,
from the blue-leaved forests of the Quiché nation,
from the house where fog and quetzals dwell,
until I reached the shore of the Río Suchiate, near Ayutla.

I left behind my village's smell of burnt bodies,
the howling military stench of scorched earth,
napalm and shrapnel gnawing at our bones and feet,
the hurricane of rape and knives,
the slaughter of Corn People with government-trained dogs,
the government lighting its genocide road
with torches of blood and laws of shit.

I fled the penetrating reek of hate and corruption,
walked barefoot to the far side of the underworld
to heal my bones and my hunger.

        . . . .

Nunca llegué.

Dos machetazos me dieron en el cuerpo
para quitarme la plata y las mazorcas del morral;
el primero derramó mis últimas palabras en quiché;
el segundo me dejó completamente seco,
porque a mi corazón lo habían quemado los kaibiles
junto a los cuerpos de mi familia.

Dicen algunos que en la ribera de este río
se aparece un fantasma, pero yo sé que soy,
que he sido y seré, el unigénito de los muertos,
guardián de mi propia sombra, negro relámpago de mi pueblo,
bulto ahogado en esta poza en donde inicia Xibalbá.

Dos fichas de cerveza Gallo pusieron en mis ojos:

todos los días veo cruzar por esta agua a los barqueros de la
          muerte,
a los comerciantes del dolor que llevan en sus canoas de tablas
y cámaras de llanta las almas de los migrantes
enfiladas puntualmente hacia el tzompantli llamado México.

Dicen polleros y coyotes que ven mi fantasma en la ribera,
por eso se santiguan y rezan al cruzar las aguas rotas
de este espejo seco en el que escriben su nombre
con el filo estéril de las hachas votivas.

Todos los días veo pasar a las hileras de muertos,
a los que migran sin llegar a Estados Unidos:

parvadas de cuerpos en pena, tristes figuras humanas,
barro entre los insomnes dedos de Dios.

I never arrived.

Two blows of a machete they dealt me
to steal my money and a few ears of corn from my pack:
the first blow scattered my last few words of Quiché,
the second one left me all dried up
because the kaibils had burnt my heart already
beside the bodies of my family.

Some say a ghost appears
by the banks of this river, but I know that I am
and have been and will be the only begotten son of the dead,
guard of my own shadow, black lightning bolt of my people,
swollen bundle drowned in this pool
where Xibalba, the Place of Fear, begins.

Two Gallo beer bottle caps they set in my eyes:

every day I see death-boatmen cross these waters,
merchants of pain in canoes and inner tubes
bearing the souls of migrants in a line,
on schedule, to the tzompantli, the human skull-rack called
          Mexico.

The polleros and coyotes say they see my ghost on the banks,
and that's why they cross themselves and pray
before they ford the troubled waters
of this dry mirror, on which they write their names
with the meager blades of ritual axes.

Every day I see the ranks of the dead go by,
the ones who migrate to Estados Unidos without reaching it:

herds of bodies in purgatory, sad human shapes,
clay between the sleepless fingers of God.

Yo, primogénito de los migrantes muertos,
los recibo con un racimo de filosos machetes
en lugar de brazos, iluminado por la cara oculta
de esta luna leprosa:

bienvenidos al cementerio más grande de Centroamérica,
fosa común donde se pudre el cadáver del mundo.

Bienvenidos al abierto culo del infierno.

I, firstborn of the migrant dead,
receive them not with open arms
but with a cluster of sharpened machetes
lit by the hidden face
of this leprous moon:

Welcome to the largest cemetery in Central America,
the mass grave where the world's dead body rots.

Welcome to the open asshole of hell.

Habla Bal'am K'itze' (Popol Wuj)

¿Sólo migras y narcos
habrá bajo los bejucos?

Balam K'itze' Speaks
(*Popol Vuh*)

Deep forest
of twisting vines:
no guardian spirits
to guide our steps?
Only narcos
and border cops?

14°53'37.0" N 92°14'49.0" W – (Tapachula, Chiapas)

Perseguidos por la genocida Efraín Ríos Montt
mis padres huyeron de Guatemala el año de 1982
y se refugiaron en un pedazo de selva en Chiapas, México.

Lejos de las montañas del Quiché, nací Ixil en tierras
      mexicanas.

Volvimos después de la firma de los acuerdos de paz,
pero nadie firmó un acuerdo para terminar con el hambre.

No teníamos maíz ni para sembrar.

Cuando me llegó la luna decidí bajar de las montañas a
      Tapachula
y trabajar de cocinera en una casa.

Prometían buena paga, pero mis primas
me engañaron al llegar y me vendieron como un bulto
a la dueña de un prostíbulo en la frontera.

Me hacían abrir las piernas y cerrar, casi siempre,
la boca; basta decir que todos me golpeaban.

Hasta que hui con Daniel, taxista de Tapachula,
borracho y drogadicto, pero me mató a patadas
nomás saber de mi embarazo.

Tiró mi cuerpo al río, al pútrido Coatán,
donde antes lanzó también al niño.

. . .

14°53'37.0" N 92°14'49.0" W – (Tapachula, Chiapas)

Hounded by that mass killer Efraín Ríos Montt
my parents fled Guatemala in 1982
and took refuge in a piece of the rainforest
in Chiapas, Mexico.

Far from the mountains of Quiché
I was born of the Ixil people on Mexican soil.

We went back home when peace had been signed,
but no one ever signed an agreement
to put an end to hunger.

We had no corn even to plant.

When I came of age as a woman I decided
to come down the mountains to Tapachula
and work as a cook in someone's house.

They promised good pay, but when I got there
my girl cousins tricked me, sold me like baggage
to a lady who ran a brothel on the border.

They made me open my legs and shut my mouth;
needless to say, they all beat me up.

Then I ran off with Daniel, a taxi driver from Tapachula,
a drug addict and a drunk who kicked me to death
when he found out I was pregnant.

He dumped my body in the river, the putrid Coatán,
along with the baby boy.

. . .

Enterrada en esta tumba del Panteón Jardín,
sin nombre, estoy perdida, acompañada
por los varios rostros difusos de otras gentes.

Quiero decirles que ni todo el peso de la tierra
me asfixia tanto como el peso de uno solo de los cuerpos
jadeantes y sucios que en vida soportaba.

Sé que mi madre me busca en caravanas,
llevando en el pecho una foto mía,
esa en la que aparezco vestida en día de fiesta.

Mi tía la acompaña, cargando un abanico con tres imágenes
            más.

Pero mis primas están malditas, porque siguen vivas,
abiertas y partidas por el sudor y los erectos machetes de carne
de los choferes y estibadores del mercado San Juan.

Ojalá que mi madre vuelva a San Gaspar Chajul
y se quede dormida bajo la incandescencia de nuestro sol de
            maíz,
recién nacido de la muerte, como yo.

Buried in this grave, in a cemetery called The Garden,
I'm nameless and lost, thrown together
with the vague, dim faces of other people.

I want to tell you that all the weight of the earth
won't smother me as much as just one
of the panting, filthy bodies I put up with in life.

I know my mother travels in caravans to look for me,
wearing my picture on her chest,
the one that shows me dressed up for a party.

My aunt goes with her, carrying a fan with three more pictures.

But my cousins are cursed because they're still alive,
split open by the sweating, stiff machetes of flesh
of drivers and dockworkers from the San Juan market.

God willing, my mother will return to San Gaspar Chajul
and sleep well beneath our incandescent sun,
the corn sun newly born from death, like me.

27°54'14.4" N 99°53'44.9" W – (Sabinas, Coahuila)

*"La indígena guatemalteca María 'N', de 19 años, murió en el río
Bravo, del lado mexicano, y perdió la lucha por alcanzar un mejor
futuro [...]"*

México soltó sobre mí todos sus perros de presa,
su virgen de las amputaciones, su violación masiva y patriarcal,
sus niños clandestinos eyaculando asfixia sobre las vías;
y en el altar de la gonorrea, orando con gravedad de santos,
la jauría de los asesinos del viento; y nosotras exhaustas,
clandestinas y fugitivas del fuego nuevo,
hincadas ante el aullido metálico de *La Bestia*,
trepanados nuestros cráneos por machetes,
por balas que nos redimen de la inanición,
y los bárbaros con el corazón más rabioso y amaestrado
que un lebrel ejecutor; he aquí a los homicidas,
a los profanadores, a los prevaricadores, sin redención alguna,
hinchados de alcohol en lupanares de humo,
acariciando a sus bestias, babeantes, hienas al amparo
de un amo demencial, oteando las vías del tren,
filosas como las hojas de acero de una tijera gigantesca
que yace en guardia, a la espera de una caída
para recortar nuestros cuerpos con la torpeza inocente
de un ángel párvulo que tiene entre sus manos
un monigote de pan, un sexo de papel,
y juega y cercena dulcemente alas y cabezas,
ungiendo los pedazos con aceitoso pasmo,
deleitándose en su risa imbécil, en el trepidante aullar
de las góndolas y la máquina totémica que los arrastra
sobre el cuerpo inerte de este país alargado, enteco,
dejando a su paso lenguas y manos carcomidas por el sol;
no obstante, es el sol de los desposeídos, sol de los
          desterrados,
sol sin luz que muere en este río, el río Bravo:
abismo, entrada, y pórtico del horror.

27°54'14.4" N 99°53'44.9" W – (Sabinas, Coahuila)

"Maria N., indigenous Guatemalan, age 19, who died on
the Mexican side of the Río Bravo, losing the struggle to
gain a better life..."

On me, its virgin of amputations, Mexico set
its attack dogs loose, its mass patriarchal rape,
undercover gang boys, stranglers ejaculating on the tracks,
wolf pack of the wind's assassins praying at
venereal altars with the gravity of saints:
Exhausted, undercover ourselves, on the run from new fire,
we women knelt before the metal howling of The Beast,
our skulls opened by machetes,
by bullets that freed us from starvation,
by savages with hearts more rabid than greyhounds
trained to kill: Behold our executioners,
defilers, prevaricators past all redeeming,
bloated from alcohol in smoky whorehouses,
stroking their beasts, slobbering hyenas
of demented masters keeping an eye on
the steel-sharp train tracks that lie in wait
like giant scissors for another of us to fall,
so they can cut up our bodies
with the clumsy innocence of child angels
with bread-dough dolls in their hands
and paper cocks, impishly lopping off heads and wings,
anointing the pieces with the oil of shock and awe,
delighting in their idiot laughter, in the frenetic howling
of gondola cars and the totem-locomotive that drags them
over the motionless body of this stretched-out,
skin-and-bones country, leaving in its wake
our tongues and hands eaten away by the sun,
the sun of the exiled and the dispossessed,
a sun without light that dies in this river, the Río Bravo,
the abyss, threshold, and antechamber of horror.

Emigra el quetzal hacia la biosfera del volcán Tacaná

Unión Juárez, Chiapas. – La Comisión Nacional de Áreas Naturales Protegidas detectó que en la biosfera de la reserva del volcán Tacaná se ha registrado un incremento considerable de quetzales, por ellos los trabajos de preservación se han reforzado con las brigadas de comuneros.

[...] salí de aquellas azules montañas como del pelaje
ensombrecido de un negro y gemelo jaguar.
Tiempo de hojas revueltas entre la niebla,
yesca molida por azares, nómada lienzo de alas de carbón
para tejer arterias. Ahora que escribo estos gritos
con sangre de quetzales digo que no gemía
la muerte así de hondo desde los años
del presidente Ubico: tierra y carne arrasadas.
Muñones cortados como la milpa seca.
Cosecha de lamentos en el amanecer.
Soy el último indígena mam:
rastrojo de sílabas de miel sobre la lengua [...]

El quetzal está emigrando a nuestro territorio, principalmente en las laderas del coloso y comunidades serranas de Cacahoatán y Unión Juárez. El encargado de la biosfera del volcán Tacaná explicó que el quetzal es un ave exótica en peligro de extinción, por lo que de manera coordinada se han realizado trabajos para su conservación y protección, así como mecanismos para evitar la cacería de estas especies.

[...] alumbro mi camino hacia México con una tea de sangre
bajo un cielo enzopilotado que picotea mi lengua
y los brillantes ojos de mi cabeza cercenada [...]

The Quetzal Migrates North

Unión Juárez, Chiapas. – The National Commission on Protected Natural Areas has documented a notable increase in the quetzal population of the Tacaná Volcano Biosphere Reserve, leading community conservationists to redouble their work.

...I fled from those blue mountains as from
the dark-shadowed fur of a twin black jaguar.
Season of leaf storms in fog,
stray tinder beaten to pulp, canvas of coal-black wings in
      migration
like a weaving of arteries. Now as I write these screams
in quetzal blood I say that death
has not moaned so deep since the tyrant
Ubico's days, the laying waste of earth and flesh.
Limb stumps chopped like dry corn.
Harvest of lamentations at dawn.
I am the last indigenous Mam:
last traces of honeyed syllables on my tongue...

The quetzal is migrating into our territory, mainly to the mountainsides and highland communities of Cacahoatán and Unión Juárez. Conservation and protection are underway, including measures to prevent hunting, says the manager of the Tacaná Reserve, because the exotic quetzal is in danger of extinction.

...I light my path to Mexico with a torch of blood,
beneath a buzzard sky that pecks at my tongue
and the shining eyes in my hacked-off head...

"Este hallazgo es uno de los más importantes dentro de los trabajos de monitoreo y preservación de esta ave endémica de México y Guatemala, de la cual se calcula sólo quedan unos mil ejemplares", abundó un ornitólogo.

[…] tirados a un lado en los caminos de extravío,
mordidos por alambradas, destrozados por manos muertas,
atropellados por trenes que gritan en medio del vacío
como pájaros despedazados por mandíbulas de óxido,
lo que antes fueron pantalones, zapatos, blusas, tela,
son ropas e hilachos sin cuerpo, rastrojo, recientes formas
sin carne, piezas hormadas por la muerte
extendiendo su cordón umbilical de suciedad y trapos
desde el río Suchiate hasta el río Bravo […]

Opinó que el motivo por el cual esta especie ha emigrado a territorio de la biosfera del Tacaná, pudiera consistir en que cuenta con un bosque en buen estado de conservación y presenta cadenas alimenticias muy específicas, que facilita su vida silvestre.

[…] como el rastro de sangre que deja el animal herido
por los tajos del machete, así las huellas, los músculos,
los muñones regados a los lados de las vías del tren
por las que pasa *La Bestia* con su parvada de guadañas:

rieles, escaleras de acero cosidas al dorso de México,
columna vertebral de un país completamente desmembrado
[…]

"These findings are among the most important in the monitoring and protection of the quetzal," notes one ornithologist. "Though the bird is native to Mexico and Guatemala, only about one thousand of them remain."

...dumped beside back roads,
gnawed at by barbed wire, slaughtered by dead hands,
run over by trains that scream in the midst of the void
like birds torn to pieces by iron jaws,
what once were pants, shoes, blouses, cloth
are scraps and shreds without bodies, compost, forms
without flesh, pieces molded by Death
as it stretches its umbilical cord of rags and filth
from the Río Suchiate to the Río Bravo...

In his opinion, the quetzal has migrated to Tacaná because of the forest's high state of preservation, providing the species with exactly what it needs to maintain its life in the wild.

...like the trail of blood left by an animal wounded
from the slash of a machete, so too the footprints, muscle
and limb stumps scattered along the tracks
where The Beast passes by with its chain of scythes:

rails like steel stepladders sewn onto Mexico's back,
spinal column of a country torn limb from limb.

DE LA PROVINCIA DE CUZCATÁN
E VILLA DE SANT SALVADOR

De infinitas obras horribles que en este reino *hicieron estos infelices* y malaventurados tiranos e sus *sicarios* (porque eran sus capitanes no menos infelices e insensibles [...] con los demás que les ayudaban) fue una harto notable: que *arremetían contra las gentes* de la provincia de Cuzcatán, donde agora o cerca de allí es la villa de Sant Salvador [...]

¡Oh, cuántos huérfanos hicieron, cuántos robaron de sus hijos, cuántos privaron de sus mujeres, cuántas mujeres dejaron sin maridos, de cuántos adulterios y estupros e violencias fueron causa! ¡Cuántos privaron de su libertad, cuántas angustias e calamidades padecieron muchas gentes por *ellos*! ¡Cuántas lágrimas hicieron derramar, cuántos sospiros, cuántos gemidos, cuántas soledades en esta vida e de cuántos damnación eterna en la otra causaron, no sólo de *migrantes salvadoreños*, que fueron infinitos, pero de los infelices *migrantes de otras naciones centroamericanas* de cuyo consorcio se favorecieron en tan grandes insultos, gravísimos pecados e abominaciones tan execrables!

—Fray Bartolomé de las Casas

CONCERNING THE PROVINCE OF CUZCATÁN
AND CITY OF SANT SALVADOR

Of the infinite terrible acts committed in the realm *by these wretched brutes* and miserable tyrants and by their *hired assassins* (because such captains and others who abetted them have been no less brutal and insensible), most specially to be noted are *the blows they have struck against the peoples* of the province of Cuzcatán, where now lies the city of Sant Salvador […]

How many children have they orphaned, how many men robbed of children and wives, how many women left without husbands; of how many acts of adultery, rape and violence have they been the cause! How many souls have they deprived of freedom, how much anguish and calamity has this people suffered *at their hands*! How many tears and sighs have they occasioned, not only in endless measure for *Salvadoran migrants*, but for unfortunate *migrants from other Central American nations*; how much solitude in this world and eternal damnation in the other have they brought to pass—this association of men engaged in the greatest of offenses, the gravest of sins, the most execrable of abominations.

—Fray Bartolomé de las Casas

16°07'12.1" N 93°48'11.7" W – (Tonalá, Chiapas)

Tengo 11 años, ahora y para siempre.

Nací en el Bárrio FendeSal de Soyapango,
cerca de San Salvador, pero a mí nadie,
nunca, me salvó.

Mi padre fue asesinado por pandilleros
de la Mara Salvatrucha,
le quitaron una soda y una cora; no tenía más,
ganaba tres dólares al día en el vertedero.

Yo le ayudaba jalando el carro
y a veces encontrábamos comida
en las bolsas de desechos que llegaban de Metrocentro
y regresábamos contentos a la casa.

Huí de Soyapango con Pablo, de quince años,
mi amigo de la calle.

Quería ser futbolista como yo y jugar
en la Selecta, iríamos a la MLS a probar suerte,
por eso intentamos llegar a Estados Unidos,
donde hay más dólares que pandillas.

En un local de tortas mexicanas,
en Coatepeque, Guatemala, miré en la tele
un bárbaro documental sobre el Mágico González:
jugando para el mejor Cádiz de la historia
le metió dos goles al Barcelona
el año en que nació mi padre: 1984;
lloré de la emoción.

16°07'12.1" N 93°48'11.7" W – (Tonalá, Chiapas)

I am 11 years old, now and forever.

I was born in Barrio Fendesal in Soyapango,
not far from San Salvador, but for me
nobody ever was my savior.

My father got killed by pandilleros
from MS-13—
they stole a soda and a quarter off him, that was all he had,
he made three dollars a day at the garbage dump.

I helped him out pulling the cart,
and sometimes we found food
in the trash bags that came from Metrocentro
and went home happy.

I ran away from Soyapango with Pablo, who's 15,
my friend from the street.

He wanted to be a futbolista like me and play
for the Selecta, we'd go to the majors
and try our luck—that's why we were aiming
to get to the United States,
where they have more dollars than gangs.

At a Mexican sandwich stand
in Coatepeque, Guatemala, I saw an awesome
show on TV about El Mágico González:
playing for the best Cádiz club in history
he scored two goals off Barcelona
the year my father was born, 1984;
I was so happy I cried.

Dos días hasta llegar a la frontera con México;
atravesamos el río y subimos al tren *La Bestia*
adelante de Tecún, en Ciudad Hidalgo.

Antes de Arriaga me quedé dormido
y todavía sigo cayendo.

Llevaré para siempre, como el Mágico,
un 11 tatuado en la espalda;
quizá por el número de bolsas en que guardaron,
todo partido, mi cuerpo;
tal vez porque traía puesta la camisa de la Selecta
con la misma cifra o porque la muerte lleva
el 11 infinito de las vías del tren grabado en el vientre.

Antes de caer, Pablo me contó este sueño:

Veía yo a Roque Dalton levantarse de entre los vivos
y venir de nuevo al mundo de los muertos.
A su diestra, el Mágico González driblaba a la muerte
y le hacía la "culebrita macheteada"
pateando cabezas decapitadas de pandilleros cuscatlecos,
haciéndole tremendo caño entre las piernas.
El estadio Flor Blanca estaba lleno, había un velorio inmenso
donde la muchedumbre velaba a todos los migrantes muertos.

Sé que Dios juega futbol allá en el cielo.
Pero aún no quiero estar en su equipo.

Me quedaré esperando en la banca
hasta que me llamen, sonriendo,
mi amigo Pablo y el Mágico González
para jugar con ellos.

Two days to reach the Mexican border;
we crossed the river and hopped onto The Beast,
just past Tecún Uman, in Ciudad Hidalgo.

Before we reached Arriaga I fell asleep,
and I'm still falling.

Forever, just like El Mágico, I'll wear
an 11 tattooed on my back,
maybe for how many bags they put
my torn-up body in,
maybe because I was wearing the Selecta shirt
with that very number, or maybe because death's got
that endless 11 of train tracks carved on its gut.

Before I fell, Pablo told me this dream:

I saw Roque Dalton rising up among the living
to come back to the land of the dead;
at his right hand side, El Mágico was dribbling up on Death,
kicking the heads of Salvadoran pandilleros
and doing that snake move, the culebrita macheteada,
knocking a tremendous nutmeg between Death's legs.
Flor Blanca Stadium was packed—the crowd was holding
a gigantic wake for all the migrants who were dead.

I know that God plays futbol up in heaven,
but I don't want to be on his team just yet.

I'll stay right here on the bench, waiting
for my friend Pablo and El Mágico González
to call me with a smile
to play a match.

18°07'34.1" N 94°29'01.4" W – (Coatzacoalcos, Veracruz)

Quise ser cantante de corridos,
pero ya no canto, migro sin descanso.

Sólo sé que no soy mudo.

Lejos de Centroamérica, me quedé sin voz.

Me atraparon en Coatzacoalcos los zetas,
los de la letra última, la que no es ni el alfa ni la omega,
sino aquella con la que se escribe en México,
con mayúsculas, el nombre de la ira.

> *Cuando me vine de mi tierra El Salvador /*
> *con la intención de llegar a Estados Unidos /*
> *sabía que necesitaría más que valor /*
> *sabía que a lo mejor quedaba en el camino [...].*

El cantante, aquel que soy, que era,
ahora muerde silencio,
puños de llanto, tierra negra,
sangre coagulada por estrellas.

El cantante se ha quedado sin lengua,
sin cabeza.

Lo único que no me decapitaron
fueron las palabras,
aunque también las desangraron.

Y aunque no es mudo,
el cantante se ha quedado sin voz.

18°07'34.1" N 94°29'01.4" W – (Coatzacoalcos, Veracruz)

I wanted to be a cantante,
      a singer of corridos,
but my singing's in the past—
      now I wander without rest.

I only know that I'm not mute.

Far from Central America, left without a voice.

The Zetas got me in Coatzacoalcos,
those guys of the last letter, not alpha,
not omega, but the sign they use in Mexico
in capital letters for wrath.

      I knew when I came from El Salvador /
      making my way to the land of the free /
      it was going to take all my courage and more /
      and I couldn't tell what would become of me...

The singer I am, that I was,
eats silence now,
fistfuls of tears, black earth,
blood clotted by stars.

A headless singer
with no tongue.

What they couldn't cut out of me
were words
but they made them bleed,

and though the singer isn't mute
he's left without a voice.

En Guatemala y México cuando crucé /
dos veces me salvé me hicieran prisionero /
el mismo idioma y el color reflexionen /
cómo es posible que me llamen extranjero [...].

Me quedé aquí, en este suelo, lejos del río Lempa.

Me quedé sin vos,
mi amada Centroamérica.

When I crossed Guatemala and Mexico /
twice they caught me, twice I got away /
We share one language and color, you know /
why they call me a stranger, who can say...

And here I remain, far from the Río Lempa
on this plot of ground,

left with no voice, no *vos*, no you,
my Centroamérica.

17°26'48.0" N 91°23'40.7" W – (Tenosique, Tabasco)

A mí me gustaba partir verga a cualquier hijueputa que no los
    tuviera
bien puestos. Mi nombre comenzó a sonar desde que lo
    escribí
con sangre en las paredes de la cárcel de Cojutepeque en El
    Salvador.
14 años cabales y 20 muertos, todos tripeados con chimba
y con machete. Tres puntos sobre la mejilla. Al salir franco,
me contrataron Los Perrones del Oriente porque le pasé verga
a dos culos sureños que, según ellos, les parían madre. Música
de banda mexicana, narcocorrido y dos líneas diarias—rieles
    de
coca—me protegían (y vos también, Malverde). Cuando
    mataron
a Chepe Luna, mi jefe, me llamaron para trabajar en
    Tenosique,
Tabasco, donde me sumé a los de la letra. Sabían que mis
    paisanos
y otros pollos centroamericanos pasaban en el monte por
    caminos de
desvío. Allí cumplí los 20 y sumé a mi cuenta no sé cuántos
    cuerpos
más. Veía a los hombres torcerse de dolor, a las mujeres pedir
que ya no las montara; después de destazarlos, jugaba a
    completar
los cuerpos. Siempre me equivocaba con las piezas: cabeza
    negra
en tronco blanco. Me daba risa, igual que cuando era cipote en
    la vida
loca y me llenaba de cinto mi madre cuando algo le faltaba.
    Siempre
dormí como bendito; fue mi talón de Aquiles. A veces me
    soñaba

17°26'48.0" N 91°23'40.7" W – (Tenosique, Tabasco)

Me, I always liked breaking the dick of any son of a bitch
without the balls to fight. My name got known in El Salvador
once I wrote it in blood on the prison walls of Cojutepeque:
14 years old and 20 dead bodies, all of them with their guts
     ripped out
by my machete or my gun. Three marks on their cheek. Once
     I got out
the Perrones del Oriente took me on, after I fucked up
a couple of Sureño bitches they said were busting their ass.
Mexican banda music, narcocorridos, two lines a day—train
     tracks of
coke—that was my protection. So were you, Malverde. When
     they killed
my boss Chepe Luna I got tapped to work in Tenosique,
     Tabasco,
where I joined up with La Letra—they knew my paisanos and
     other
Central American dudes were getting smuggled through their
     turf in the hills,
taking the long way north. And that's where I turned 20,
     added who knows
how many bodies to my count. I watched men twist in pain
     and women beg me
not to mount them anymore; after cutting them up I'd play at
     putting
the bodies back together. I always got the parts confused:
     black head
on white trunk. It made me laugh, like when I was a crazy
     punk kid
and my mother would belt my ass if something of hers went
     missing. Since
forever I've slept like a baby: my Achilles heel. Sometimes I'd
     dream

con Cerveza Pilsener, ceviche y una hamaca en las playas de La
Libertad; su arena negra lamiéndome los pies, pupusas de
      arroz
con su loroco, pescado frito. Dejé mi chimba sobre un tronco
y otro zeta envidioso por mujeres, culero, me pegó con ella un
      tiro.
Quizá dos para dejarme un par de huecos más donde tenía los
      ojos,
ahí donde el sol siembra sus huevos de mosca, su mara de
      zompopos,
su mordida. En México todas las fosas son comunes, y sin
      contar la
mía, llené docenas. Seguro estaré mejor aquí que allá
en Cojutepeque y sus barrotes de mierda. Si Dios o mi madre
me hubieran visto así, también me habrían pegado un tiro.
      Quizá dos.
Uno para mis lunas de sangre, otro para la pus del sol. Mirá
que nunca tuve nombre, no, ninguno. Vos podés llamarme
      hijueputa.
Lo sé. Vergón.

about Cerveza Pilsener and ceviche and a hammock on the
    beach in
La Libertad, black sand licking at my feet, pupusas with rice
and loroco and fried fish. Then I left my piece on a tree trunk
and some other Zeta faggot jealous over women popped me
    one.
Or was it two, to leave another pair of holes where my eyes
    had been,
right here where the sun takes its mordida, its bite, breeding
    maggots
and gangs of leaf-cutter ants. In Mexico all the graves are
    common graves,
and not counting my own, I filled up dozens. For sure I'm
    better off here
than back in Cojutepeque and its fucking iron bars. If God or
    my mother
were to see me like this, they'd pop me one themselves. Maybe
    two.
One for the blood-red moon, one for the pus-oozing sun.
    Now look:
I never did have a name. No. Not a single one. You can call
    me hijueputa.
I know. Call me Big Dick Motherfuck.

DE LA PROVINCIA E ISLAS
DE TIERRA FIRME DE HONDURAS

Desde a pocos días mataron a *muchísimos migrantes* [...] y después suscedieron otros muchos tiranos crudelísimos *de distintos cárteles* que con matanzas e crueldades espantosas y con hacer esclavos e venderlos a los *tratantes de seres humanos, a los pederastas, a los varones de la droga* [...] e con la tiránica servidumbre ordinaria, desde el año de *mil y novecientos...?* y hasta el día de hoy año de *dos mil e catorce* [...] asolaron a aquellas *gentes migrantes de las* provincias e reino de Honduras.

—Fray Bartolomé de las Casas

CONCERNING THE PROVINCE
AND ISLANDS OF HONDURAS

In a very few days they slew *a multitude of migrants* [...] and after them have followed other tyrannical figures of exceeding cruelty *from divers cartels* who with terrifying slaughters and with the selling of captives to *human traffickers, rapists and the thugs of drug lords,* [...] and with commonplace forced labor, since the year of *nineteen hundred and heaven-knows-when to the present day* [...] have laid waste the provinces and kingdom of Honduras and *the human souls migrating from that place.*

—Fray Bartolomé de las Casas

25°46'27.3" N 103°15'43.2" W – (Francisco I. Madero, Coahuila)

Los cielos masacraron a la luz, que está deshilachada
y en colgajos—fósiles estrellas decapitadas—
desmembrada a ras de cielo.
Así nosotros, desperdigados en el desierto,
la ropa salpicada entre arbustos y espinales,
flores de informes corolas, desteñidas.
Los elementos descarnan lo que queda;
en balde y lejanas, las plegarias.
Nos secuestraron en la estación de buses
de Torreón, Coahuila, a plena luz del día,
racimos de jóvenes sicarios, bárbaros de AK-47
con la violencia maquillada por la blancura del polvo,
humanos carniceros con filo de rutina en la sangre.
A golpes y tablazos, a los hombres; con palos y dolor,
a las mujeres; nos arrancaron números y dientes
para llamar a nuestra gente, extorsionarlos
a miles de kilómetros, más allá de nuestra ruina.
Pasto seco, sol sin aire, zopilotes en círculo
resguardan nuestras cabezas. Abandonados
y encogidos en la incandescencia del frío,
morimos de dolor, de sed, a veces de hambre;
y seguimos con las manos juntas, encintados
de pies y quijadas, la lengua enroscada
como víbora seca. Arriba, la luz descuartizada
y su cadáver, túmulos de estrellas en rotación.
En las montañas de Santa Rosa de Copán, Honduras,
tierra mía, florecen las orquídeas. En esta zanja
crecen enjambres de moscas sobre mi carne azul.
El cielo, para siempre, es negro.

25°46'27.3" N 103°15'43.2" W – (Francisco I. Madero, Coahuila)

The heavens massacred the light—
it lies unraveled, shredded, dismembered
against the sky—decapitated fossil stars.
That's how we are, scattered in the desert,
our clothing tossed among the shrubs and thorns,
faded, shapeless flowers.
The elements eat away at what's left of us;
our prayers are distant and in vain.
They abducted us in broad daylight
from the bus station in Torreón, Coahuila,
gangs of young killers, savages with AK-47s,
their violence numbed over with white powder,
men with the routine of butchery in their blood.
Planks of wood for the men, sticks for the women,
hard blows and pain; they pulled numbers out of us
along with teeth, to extort our kinfolk
thousands of miles away, far beyond our ruin.
Dry pasture; airless sun; black vultures circling
watchfully over our heads. Abandoned,
huddled together in incandescent cold,
we died of pain, of thirst, sometimes of hunger,
and we remain here with our hands and feet
bound, our jaws taped shut, tongues rolled back
like a dried-up snake. Above us, the drawn and quartered
light and its corpse, burial mounds of spinning stars.
In the mountains of Santa Rosa de Copán, Honduras,
my country, the orchids are in bloom. Here in this ditch,
swarms of flies swell over my raw blue flesh.
The sky, forever, is black.

27°36'07.1" N 99°34'33.6" W – (Nuevo Laredo, Tamaulipas)

A mí me agarraron los narcos en Nuevo Laredo, Tamaulipas.

No tenía dólares, me los habían arrancado los policías de
        Reynosa
como quien corta por la fuerza los frutos verdes de un árbol.

Me registraron del culo a la garganta, y si la mierda
y todos los cerotes míos hubiesen valido su peso en oro,
me habrían secuestrado por más días y puesto a cagar
        durante siglos.

¿Cuál es el teléfono de tus parientes al otro lado,
grandísimo cabrón? ¿Cuánto nos pueden dar por ti, pendejo?

No conocía a nadie en Estados Unidos.

Mi último lazo de sangre en esta tierra
fue cortado a pedradas en Nanchital, Oaxaca;
lloré durante meses la muerte de mi medio hermano,
aquel de mi dolor entero.

Mira, cabrón, serás burro, y si entregas la carga
del otro lado quedas libre. Cuidado con escaparte,
pues rogarás que la muerte te haga el amor muy recio.

Me encintaron al cuerpo varios paquetes de droga,
los encadenaron a mi pecho cerrándolos
con un candado grande, nuevo.

. . .

27°36'07.1" N 99°34'33.6" W – (Nuevo Laredo, Tamaulipas)

Narcos got hold of me in Nuevo Laredo.

I didn't have any dollars; the cops in Reynosa
had ripped those off of me the way a person rips
green fruit off a branch.

They searched me ass to throat,
and if my shit was worth its weight in gold
they'd have kidnapped me for longer,
sat me down to make them centuries of it.

So what's your family's phone number on the other side,
you sorry bastard? How much will they give us
for your stupid ass?

I didn't know anyone in Estados Unidos.

My last blood tie on this earth
was cut off in a hail of fire in Nanchital, Oaxaca;
for months I mourned the death of my half-brother,
man of all my sorrow.

Look, asshole, you're our mule now:
you get the goods to the other side, we set you free.
Think twice about running off
or you'll be begging death to fuck you up fast.

They taped up my body with packets of drugs,
chained them to my chest
with a great big, brand-new lock.

. . .

La llave la tenía un muchacho de McAllen, Texas,
al otro lado, un burrero que me esperaba
con más ansias que la muerte.

Me abandonaron al pie de unas lomas llenas de arena,
de viento, antes de cruzar el río.

Nomás me libré de su vista, quise arrancarme
las cadenas, los paquetes, y me doblé
el brazo derecho hasta quebrarlo.

Grité con todas mis fuerzas;
aún me zumba el oído aquí, bajo la tierra.

Luego jalé la cadena, pero se me atascó en el cuello.

Vale decir que yo solito me asfixié,
aunque de cualquier forma lo habrían hecho
los burreros.

Quiero decirles que no estoy en el paraíso,
sino en un pozo olvidado a orillas del río Bravo.

Como una medalla al valor,
aún cuelga en mi pecho el candado nuevo,
brillante, como el que guarda las puertas
de San Pedro—Sula—en el cielo.

A kid in McAllen, Texas, had the key,
a mule driver waiting on the other side
jumpy as hell.

At the foot of some windy sand hills
by the river crossing, they abandoned me.

No more was I out of their sight than I tried
to break free of those bundles and chains,
bent my right arm until it broke,

shouted with all my strength.
The sound still hums in my ears beneath the earth.

But when I yanked up the chain it got caught around my neck,

which is to say, I suffocated all alone,
though the mule drivers would have done the same to me
in any case.

I want to tell you I'm not in paradise,
I'm down a lost well on the banks of the Río Bravo.

Shiny as a medal of honor,
the brand-new padlock still hangs on my chest
like the one that guards St. Peter's gates—
San Pedro Sula's, I mean—up there in heaven.

Oración del migrante

> Levantar: Solemos usar en el lenguaje noticioso "levantar" y palabras derivadas para referirnos al delito de privar a una persona de la libertad ilegalmente. En su aceptación hoy generalizada mediáticamente, tal vez dicha expresión provenga del argot delincuencial o policial que la acuñó para disimular la retención, secuestro o detención ilegal o arbitraria de personas (con frecuencia seguida de secuestro, tortura, asesinato o desaparición). "Levantar" también se refiera a una detención arbitraria, es decir, cometida por un servidor o funcionario público.

> "LEVANTA" COMANDO A OCHO MIGRANTES
> Un comando "levantó" a ocho migrantes centro-americanos, tres hombres y cinco mujeres, cuando rezaban en un templo de la Ranchería Buenavista del municipio de Macuspana, a 80 kilómetros al sur de Villahermosa, Tabasco, confirmó la policía local.

No quiero levantarme, padre.

No me levantes, madre.

Prefiero caer, prefiero caer,
en los filosos y amorosos brazos de *La Bestia*.

Nadie quiere ser levantado, madre.
Nadie quiere ser levantado, padre.

Me levantabas para ir al colegio, padre.
Me levantabas para ir a jugar, madre.

Me levantaba del sueño la caricia de tus manos,
madre, me levantaban de la mesa tus palabras,
padre, y yo levantaba la cara hacia el sol.

Migrant's Prayer

The Spanish verb *levantar* (to raise or pick up, or in other contexts, to awaken) has become a euphemism in news parlance, perhaps borrowed from the slang term that criminals and the police use to disguise their arbitrary or illegal capture or abduction of persons, which is often followed by torture, killing or disappearance. The word can also refer to arbitrary detentions committed by public servants or other functionaries.

COMMANDO UNIT ROUNDS UP EIGHT MIGRANTS
—VILLAHERMOSA, TABASCO: Local police confirm that eight Central American migrants, three male, five female, were rounded up in a commando raid while praying in a church at the Ranchería Buenavista in the town of Macuspana, 80 km. south of this city.

I don't want to get up, father.

I don't want you to wake me up, mother.

I'd rather fall, I'd rather fall,
into the loving, knife-sharp arms of The Beast.

No one wants to be grabbed up, father.
No one wants to be rounded up, mother.

I used to get myself up for school, father.
I used to get myself up to go play, mother.

The caress of your hands would raise me up from sleep,
mother, your words would lift me up from the table,
father, I would lift my face up to the sun.

Una vez levantados íbamos a la milpa,
íbamos al bosque, a los yerbajes del tiempo.

Pero aquí en Tenosique, padre,
otros me han levantado, madre.

Con humillaciones, con torturas,
con violaciones, con masacre.

Me han levantado más temprano
y más tarde que usted, madre,
y para siempre, Padre.

No quiero ya que me levanten.

Nunca levantarme,
que nadie más me levante.

Las sábanas que cubren mi rostro
no son blancas, están teñidas de sangre.

Llévense mi cuerpo en andas, hasta Honduras.

Llévense mis lágrimas, mi cuerpo, a lomo de ataúd.

Llévense mis huesos negros y entiérrenlos en *Tegus*.

No quiero que vuelvan a levantarme, padre.

No quiero que regresen a levantarme, madre.

No quiero ser levantado. Díganles que no estoy.

. . .

Once we were up we'd go to the cornfield, the woods,
the pasture for that season of the year.

But here in Tenosique, father,
others have lifted me, mother.

With humiliation and torture,
with rape and with slaughter.

They came for me earlier
and later than you ever did, mother,
and for forever, Father.

I don't want them to pick me up.

I don't want to stand up ever again.
Let no one rouse me forevermore.

The sheets that cover my face
are not white but stained with blood.

Now take up my body on a stretcher to Honduras.

Take up my body and my tears in a coffin.

Take up my black bones and bury them in *Tegus*.

I don't want them to return and snatch me up, father.

I don't want them to come back and carry me off, mother.

I don't want to be spirited away. Tell them I'm not here.

. . .

Nunca me levantes, padre.

Nunca me levantes, madre.

Never wake me, father.

Never wake me up, mother.

Identifican restos de 8 migrantes hondureños asesinados en México

Era el tiempo de las decapitaciones,
de los bosques de renglones en blanco,
del aire oscurecido por parvadas de mudos pájaros.

La sangre había perdido su color
por la anemia del miedo,
pero la lluvia era más roja que la vergüenza
y ametrallaba sin piedad al corazón,
ese casquillo sin pólvora,
sílaba de carne percutida por el pánico.

La luna estaba muerta,
roja gota pisoteada contra el cielo
por las botas de los bárbaros
que habían derramado
sus vísceras de luz entre los rieles.

Remains Identified of Eight Honduran Migrants Killed in Mexico

It was the time of decapitations,
forests of blank lines,
air darkened by flocks of silent birds.

Blood had lost its color
from the anemia of fear,
but rain was redder than shame
and mercilessly strafed the heart,
that powderless shell,
that panicked syllable of flesh.

The moon was dead,
a red speck trampled against the sky
by the boots of savages
who'd scattered
viscera of light among the tracks.

20°30'21.2" N 99°52'03.6" W – (San Juan del Río, Querétaro)

Era oscura como la tierra, más alta y más bella que todos los
      árboles
de Honduras. Mi vecina y yo migramos a México entre
      sombras.
Atravesamos este país ardiente como vacas
que pasan por los cuchillos del horror segando labios,
tajando lenguas, hincando los cereales del dolor
en todo lo que tocan; subimos a las góndolas del tren
mascando los alcoholes del hambre y de la sed,
ocultas por las gasas del miedo que todo lo oscurecen;
luego el deseo de no volver, de no mirar ya nunca, atrás.
Sufrimos los tormentos de los hombres, su crueldad florida,
su repetida guerra que apuñala nuestra luz, la herida.
Así, violadas, aniquilan la flor de nuestra risa.
No queda más que seguir las reglas del tormento,
pagar kilómetros de rieles con jirones de cuerpo.
Y nos acostumbramos a la víbora de los cigarros en la piel,
al puñetazo de los bárbaros en la quijada, al veneno seminal
eyaculado entre las piernas por los débiles del amor,
precoces a la hora de matar, impotentes que lloran por las
      noches
y no descansan ni sueñan. Esclavas de la usura, abandonamos
desde siempre nuestros cuerpos a la infamia, y apenas niñas,
acostumbramos la carne a la música yugular de la violencia
      paterna,
a las heridas maternas, a la explotación hermanal, y aquí,
en nuestro éxodo por México, nos secuestra un huracán de
      suicidas
para apaciguar su sed en nosotras, para mercar con nuestro
      sexo,
y sin lástima mutilar nuestros pechos mordidos y así los
      pechos

20°30'21.2" N 99°52'03.6" W – (San Juan del Río, Querétaro)

I was dark as earth, taller and more beautiful than all the trees
of Honduras. My neighbor woman and I fled to Mexico
among shadows, crossed this burning country like cows
passing through knives of horror that slice off lips
and tongues and thrust the chaff of pain
into everything they touch; we hopped onto boxcars
gnawing at ethereal hunger and thirst,
covered by a gauze of fear that darkened everything.
Then came the desire not to return, never again to look back.
We endured men's torments, their extravagant cruelty,
their constant war stabbing a wound into our light.
They trampled the flower of our laughter, raping us,
and there was nothing to do but follow the rules of torture,
pay off the miles of tracks in strips of flesh.
We got used to cigarettes like vipers at our skin,
brutal jaw punches, semen poison
spurted between our legs by weaklings of love
precocious at death but impotent, men who cried all night
unable to rest or sleep. Since forever we've yielded our bodies
to disgrace like extorted slaves; barely girls,
we accustomed our flesh to the jugular music of violent
        fathers,
wounded mothers, exploiting brothers, and here
in our exodus through Mexico a hurricane of suicide-men
seized us to appease their thirst and traffic in our sex,
mutilate our gnawed-at breasts without pity as if they were

de sus madres para luego vendernos y olvidarnos en jaulas
de pequeños dioses proxenetas que se beben la sangre de un
      trago
y sorben la médula, y erigen llamas en su altar de rabia
en el que adoran ídolos de llanto, de muerte, de poder.
Amanecí con la luna reseca, como un ala que agoniza
entre pinzones muertos. Sólo me queda el recuerdo de
      Atlántida,
mi casa, pedazo de mar en la garganta del Caribe, azúcar de
      Dios
besándome cabellos en la arena; pero también allá deambulan
los fantasmas violentos de mi padre; él, sumido en el alcohol,
vendió a sus hijas a la prole de los desinhibidos. Pájaros
      ahogados
en el lodo, así mis asesinos con ardor en el orín y con
      testículos
mordidos por la brama, su sed de destruirlo todo con el filo de
      un machete
que siega los miembros de los ángeles, las manos y la yugular
      de Dios,
y, ay, la mía, cetrina y olvidada entre la muchedumbre de las
      plegarias,
rogando en cada estación la misericordia de la migra, de la
      policía,
del narco y la mara, la compasión de los compañeros de
      camino
quienes ofrecían mi sangre para ofrendarla a la lujuria de los
      otros
y salvarse; les rogué que ya no nos violaran, que no sembraran
      más
su asco ni la mierda de su ser en nuestros vientres. Estéril esta
      tierra
que me sepulta, estéril este país y su cruel fardo de hombres
      que viola,
mancilla y descuartiza a las hijas inocentes de Centroamérica
y las exhibe sin pudor en sus vitrinas aquí en los prostíbulos

the breasts of their mothers, only to sell us and leave us
in the cages of little pimp gods who gulp down blood
and suck on marrow, light votive flames on altars of rage
to worship the idols of weeping, power, and death.
I woke up to a dried-out moon like a dying wing
among dead birds. Only the memory of Atlántida, my home,
          remains,
a piece of the sea in the Caribbean's throat, God's sweetness
kissing my hair in the sand, but the violent specter
of my father roams there, too, deep in his liquor,
selling his daughters to the spawn of unbridled men.
Birds drowned in mud—my killers pissed fire, their balls worn
          out
from nonstop rut, driven to take a machete to everything,
the limbs of angels, God's hands and throat,
mine, too, pale and forgotten among so many prayers for
          mercy
cried out in train stations to cops, the migra, the narcos and
          gangs,
begging compassion from my traveling companions
who offered my blood to others' lust
in order to save themselves; I'd beg them not to rape us
          anymore,
not to sow their filth in our wombs. Sterile this land
that buries me, sterile this country with its cruel men who
          rape,
dishonor, and dismember the blameless daughters of Central
          America,
shamelessly display them here in the whorehouse windows
of San Juan del Río, Querétaro, so that their sons who are
          pimps themselves
can purchase the flesh of sorrow, slaughter us in the very beds
where they were once lulled to sleep by the upright phalluses
          of fathers
endlessly raping their mothers.

de San Juan del Río, Querétaro, para que sus hijos, proxenetas
      también,
compren la carne del dolor y nos masacren en los mismos
            lechos
donde los arrullan los paternales y erectos falos que violan sin
      descanso
a sus propias madres.

Estiman que 80% de mujeres migrantes centroamericanas son violadas en México al intentar cruzar a Estados Unidos

Sorgo maduro, baldíos herbazales
como el pellejo de cien perros sarnosos
por el que caminas desnuda,
descalza como la ira,
y tus pechos apuntando
como un doble fusil hacia los astros,
perdidos migrantes en el yerto
y espeso pelaje de la noche.

Gotas, goteras. Goteras de sangre.

El animal herido busca siempre la maraña del monte,
así como la codicia del varón
busca la yerba tierna del pubis en la valva núbil.

Y la herida, sí, la abierta herida goteando.

Aquí las animalas somos nosotras,
nos cazan y nos persiguen
olisqueando el verde almizcle
de nuestra carne vendida por miserables dólares.

Gotas, goteras, charcos de sangre negra,
espejos en los que se refleja Centroamérica.

Mi cuerpo amoratado gotea muñones,
brazos, piernas, tajos.

. . .

An Estimated 80% of Central American Women Migrants Are Raped in Mexico En Route to the United States

Ripe sorghum, wild grasslands
rough as the skin of a hundred mangy dogs:
you cross it barefoot, naked as rage,
your breasts aimed double-barreled
at the stars
that migrate lost
in the stiff dense fur of night,

leaking and spurting blood.

A wounded animal will seek
a thicket in the forest; a man's lust
seeks out the soft grass of the pubis
in its nubile shell,

the seeping open wound.

We're the animals here;
they hunt and pursue us,
sniff out the green musk of our flesh,
sell it for miserable dollars.

Drops, spurts, pools of dark blood,
mirror reflections of Central America.

My bruised body casts off limb stumps,
arms, legs, slices of meat.

. . .

(La muerte recuesta su cabeza y la tuya
sobre constelaciones de yerba y de maíz.
Y el mundo llora, gira sobre tu cuerpo
sin hallar consuelo. Y gira, descalzo.)

(Death rests its head and yours
on constellations of grass and corn.
The world weeps and spins above your body,
finding no comfort. Barefoot, it spins.)

ALBUM FAMILIAR CENTROAMERICANO (1)

1. *Migrantes "abarrotan" La Bestia*

He visto a los ángeles caer y desplumarse
sobre rieles quemados por hileras de sangre.

2. *Desperté cuando el tren ya me estaba destrozando*

Acecha el silencio en el monte
como una jauría de relámpagos.

Este es el día del tábano
y la lengua pesa igual que un siglo.

He visto los ojos de la noche
picoteando la sangre y su parvada.

El mar, lejano, se agita y revuelve
en toda su rabia azul.

Avanzo con remos de sal
entre una y otra frontera.

Cabalgo sobre un cetáceo de hierro
y recorro una distancia sólo medida
por el sueño de los pájaros.

La luna es el tronco de mi cuello amputado:

yazgo en el charco de mi sangre,
redondo espejo del cielo.

CENTRAL AMERICAN FAMILY ALBUM (1)

1. *Migrants "Overload" The Beast*

I've seen angels fall and shed their feathers
on train tracks scalded by threads of blood.

2. *I Woke Up as the Train Was Crushing Me*

Silence lurks in the forest
like a pack of lightning bolts.

It's the day of horseflies,
my tongue heavy as a century.

I've seen the eyes of night
pecking blood from its flock.

Far off, the sea churns and shifts,
a fury of blue.

With limbs of salt I make my way,
one border to the next.

I ride an iron sea mammal
over distance measured only
in the sleep of birds.

The moon is the trunk of my hacked-at neck:

I lie in the circular pool
of my blood, a mirror to the sky.

3. *"México es un país de pesadilla", dicen migrantes de Centroamérica mutilados por* La Bestia

Sepan que en el lugar del corazón llevo la lengua,
por eso hablo con latidos, con golpes de aire,
con el tam tam de los ladridos del tambor:

habito el costillar de una serpiente desecada por la luz
del desierto, su esqueleto alargado, infinito,
cascabel víbora rematada por una maquinal cabeza,
ciclópea, férrea, ojo de luz que alumbra
estos senderos de tiniebla y arena.

4. *Coatzacoalcos, capital del secuestro de migrantes*

La reverberación y el rumor de las voces de los migrantes
sobre *La Bestia* devoran los varios kilómetros de rieles
y bautizan con su miedo las líneas perfectas de las vías.

Dueños de la charla y el insomnio, dormitan los viajeros,
mientras el manto de la noche cuelga sobre los vagones.

Dardos de voz se hunden en la nada y empañan de sueño
los ojos abiertos, los miembros entumidos.

Alguien grita con ácidos ladridos de huracán:

¡Ahí vienen los narcos!

Y el silencio crece, crece con aterradora inmensidad.

La Bestia se detiene, exhala su último aliento,
se queda sin aire, muere entre los árboles.

(Adelante nos esperan los bárbaros.)

3. *"Mexico is a Nightmare Country," Say Central American Migrants Maimed by The Beast*

Know that in place of a heart I carry a tongue,
so I speak in pulsations, in bursts of air,
in the *tam tam* of the barking of a drum:

I dwell in the ribs of a snake dried out
by desert sun, its skeleton infinitely stretched,
a rattlesnake viper crowned with a mechanical head,
iron Cyclops, eye of light shining over
these tracks of darkness and sand.

4. *Coatzacoalcos, Migrant Kidnapping Capital*

The reverberation and murmur of migrants' voices
on top of The Beast devour the many miles, anoint
with their fear the perfect straight lines of the tracks.

Masters of talk and sleeplessness, the travelers doze;
the cloak of night hangs over the boxcars.

Voices like darts sink into the void, clouding with sleep
the barely opened eyes, the limbs gone numb.

Someone barks out, *Narcos are coming!*
harsh as a hurricane gust:

And the silence grows,
grows terrifying and immense.

The Beast comes to a stop, lets out its last breath,
and dies, choked for air, among the trees.

(Savages lie in wait for us ahead.)

DEL REINO E PROVINCIAS
DE NICARAGUA

A estas gentes de Nicaragua [...] hiciéronles estos *tiranos de México*, con sus tiranos compañeros [...] tantos daños, tantas matanzas, tantas crueldades, tantos captiverios e sinjusticias, que no podría lengua humana decirlo [...] no dejaban hombre, ni mujer, ni viejo, ni niño a vida, por muy liviana cosa [...] E cuando algunos cansaban y se despeaban de las grandes cargas y enfermaban de hambre e trabajo y flaqueza, por no desensartarlos de las cadenas les cortaban por la collera la cabeza e caía la cabeza a un cabo y el cuerpo a otro. Véase qué sentirían los otros. E así, cuando se ordenaban semejantes *masacres y atrocidades*, como tenían experiencia *los migrantes de Nicaragua* que ninguno volvía, cuando salían iban llorando e suspirando [...]: "y, aunque trabajábamos mucho *para llegar a Estados Unidos*, en fin volvíamonos a cabo de algún tiempo a nuestras casas e a nuestras mujeres e hijos; pero agora vamos sin esperanza de nunca jamás volver ni verlos ni de tener más vida".

—Fray Bartolomé de las Casas

CONCERNING THE KINGDOM
AND PROVINCES OF NICARAGUA

Upon the people of Nicaragua [...] these *tyrants of Mexico* and their tyrant companions [...] have inflicted such harm, such slaughter and cruelty, such captivity and injustice that no human tongue can describe it [...] leaving not one man, woman, elder or child alive, and all on the slightest pretext [...] And when some would grow weary and footsore from the great burdens they carried, and would sicken from hunger and weakness and hard labor, their captors, rather than unshackle them from their chains, would cut off their heads at the neck so that the head would fall to one side and the body to the other. Imagine what the other captives would feel. And thus, at the prospect of such *massacre and atrocity, Nicaraguan migrants,* knowing from experience that none ever returned, would depart on their journey in tears, sighing [...] that "although we once labored hard *to reach the United States,* and after some time would return to our homes and to our wives and children, we now travel without hope of ever returning or seeing them again, or of even remaining alive."

—Fray Bartolomé de las Casas

14°54'18.8" N 92°21'14.1" W – (Huehuetán, Chiapas)

Se hunde el sol en el azul agua del Archipiélago de
     Solentiname,
en el Gran Lago de Nicaragua. Pero aquí donde estoy,
La Bestia deambula una y otra vez sobre mi cuerpo tendido,
estirado como la piel de un lobo que se alarga hasta volverse
una maraña de tendones e hilos desteñidos. A mi lado se
     yergue,
colosal, una ceiba, vegetal ciudad para los pájaros,
gigante de clorofila que anda sobre la tierra con pies de savia,
mole corpulenta y despeinada que habla con voz de hojarasca,
como los muertos, como yo, esperando en cada estación
de lluvias, en cada estación de tren, ser habitación de bandadas
de pájaros como las hordas silbantes, desperdigadas, de
     migrantes,
de paisanos míos, de madres y padres míos, hijos de mi raíz
que buscan otras ramas, otros nidos, para trinar lejos, muy
     lejos
de aquí. Extraño las flores de los lirios, el evangelio terrestre
de los muelles en comunión con las barcas. Pasa el tren
     afilando
esféricos machetes. Estiro los huesos hacia el rizoma de la
     muerte.

Árbol sin ramas, a mi cuerpo le han talado hasta la sombra.

14°54'18.8" N 92°21'14.1" W – (Huehuetán, Chiapas)

The sun sinks into the blue waters
of the archipelago of Solentiname,
in the great lake of Nicaragua. But here where I lie,
The Beast crosses over my outstretched body
again and again, my body pulled taut as a wolf's hide
into a mess of discolored tendons and strings. Beside me
stands a colossal ceiba, a vegetal city for the birds,
a chlorophyll giant walking the earth with feet of vital sap,
a stout and tangle-haired hulk that speaks in the voice of
          whirling leaves,
like the dead, like me, waiting through every rainy season
and in every train station to be a shelter for flocks of birds
and the whistling, scattered hordes of migrants,
my countrymen, my mothers and fathers, children of my roots
in search of other branches, other nests, to trill their songs in,
          far
from here. I miss the flowering water lilies, the earthly gospel
of docks and boats joined in communion. The train goes by,
          honing
its spherical blades. I stretch my bones into the rhizome of the
          dead,

my body a tree without limbs: they've chopped down even its
          shade.

Ataque a tren en México hiere a migrantes de Nicaragua

Una bandada de ángeles sube al tren del suicidio:
cruza México para llegar a Estados Unidos.

Nicaraguan Migrants Injured in Mexico Train Attack

A band of angels hops onto the suicide train:
crossing through Mexico to reach the United States.

Las Patronas

17 AÑOS DE AYUDA CONCRETA A LOS MIGRANTES
—Por los esfuerzos que implica ofrecer un taco y agua, día a día desde 1995, sin recibir un peso, a los migrantes que viajan en el tren conocido como *La Bestia*, el grupo de mujeres veracruzanas recibe Premio de Derechos Humanos.

Para Las Patronas, que tienen más güevos que cualquier gallo

Tormenta en La Patrona, Amatlán, Veracruz.

Es una noche encendida con lámparas de petróleo;
la luz se ha ido—la del sol, la de los cables—.

Riñe con furia la lluvia contra el techo, agua en láminas
vencidas por el tableteo de las metrallas.

Café de tortillas quemadas, negras hasta el carbón,
coladas con un trapo de manta.

No hay más que tortillas para saciar el hambre,
frijoles hervidos con leña.

El fuego ilumina rostros, calienta sombras.

Tiritan los migrantes con tazas en la mano,
pequeñas hogueras de agua, velas de azúcar
para el camino.

Hablan poco, llevan los ojos a la tierra,
a sus grietas, y la ceniza escarcha
los pies con su nieve de madres calcinadas.

The Patron Saints

17 YEARS OF MATERIAL AID TO MIGRANTS
—For its daily efforts since 1995, offering free food and
drink to migrants traveling north on the train known as
The Beast, the Veracruz women's group Las Patronas has
received the national Human Rights Award.

For Las Patronas, who have more balls than any macho

Storm in La Patrona, Amatlán, Veracruz—

a night lit by oil lamps,
the sun gone down, the electric light gone out,

rain beating its fury against the roof, sheets of water
pounded to shrapnel-clatter—

coffee made from tortillas burnt charcoal-black
and strained through a rag,

nothing but tortillas to ease hunger,
and beans boiled over the fire.

The fire lights up faces, warms the shadows.

The migrants shiver, cups in hand
like little hearth-fires of water,
sugar candle lights for the journey.

They barely speak, they stare at the ground,
at its cracks and crevices, the ash of charred wood
a snow-frost over their feet.

. . .

Trepida el tren la tierra con sus pasos;
brama profundo, hace morir los restos del sol.

Dos nicas abren las pupilas como salvajes gatos:

"mañana subiremos a *La Bestia*, mañana".

Sin embargo, se levantan.

The train shakes the earth as it passes,
and roars deep, and kills the last of the sun.

Two Nicaraguans widen their eyes like street cats—

"Tomorrow—we'll hop The Beast tomorrow—"

Still, they stand up to go.

Fallece en hospital mutilado por *La Bestia*

Oteando hacia el norte, aquí, tirado en jirones,
recién parido de *La Bestia*, me llega un olor a hibiscos,
un olor a bisbiseantes flores, las que mi abuela
cortaba en Matagalpa, Nicaragua.

Death Train Maiming Victim Succumbs in Hospital

As I lie here scattered in pieces, facing el norte,
sprung newborn from The Beast, a smell of hibiscus
comes whispering to me, the flowers my grandmother
used to gather in Matagalpa, Nicaragua.

19°35'29.9" N 99°09'03.3" W – (Tultitlán, Estado de México)

En vida me llamé Walter. Y heme aquí, con mis huesos
    blanqueando
el basurero municipal de Tultitlán, Estado de México.
Crucé medio México y su odio entero montado en *La Bestia*,
y a veces de pie, sin respiro, para seguir mi sueño:
algunos trastos y una estufa para mi madre.
Jamás llegué, truncaron mi destino. Ahora no tengo descanso
    ni sepulcro.
Sólo espero el día de la resurrección para levantarme,
a la luz de la luna nicaragüense, y tener una muerte mejor.
Sería feliz si mi madre hiciera *nacatamales y nezquizara*
el maíz en su fogón. Pero sé que no llora por el humo.
Allá en Managua otro estará con mi mujer; uno más le tatuará
    mis hijos.
No muy lejos de aquí, mis asesinos calzan mis zapatos, visten
    mis ropas;
policías municipales con más saña y más rabia que la de las
    pandillas.
Arriba, las máquinas trituran lo poco que queda de mis huesos
y un chocho mastica sin descanso mis últimos tendones.

Dejé un breve recuerdo en el albergue del padre Alexander:

"aquí estuvo Walter, originario de Managua, Nicaragua, C.A."

Y aquí sigo.

19°35'29.9" N 99°09'03.3" W – (Tultitlán, State of Mexico)

In life my name was Walter. And here I am,
my white bones bleaching the town dump of Tultitlán
in the state of Mexico. I crossed half the country and all of its
       hatred
riding The Beast, or sometimes on foot,
no stopping for breath, following my dream
of escaping the roundups and shakedowns, having a few
       dollars
to buy things like a cook stove for my mother.
I never got there. They cut short my fate.
Now I've got no grave, no rest.
I only await resurrection day to raise me up
by the light of the Nicaraguan moon, so I can have a better
       death.
I'd be happy if my mother were making nacatamales and
       roasting corn
in her fire for the nezquiza, but I know she's not weeping
       from the smoke.
Back in Managua, someone else will have my wife.
Yet another will tattoo my sons.
Not far from here, my killers wear my clothes and shoes—
small-town cops with more anger and rage than the
       pandilleros.
Train cars roll over me and grind up what's left of my bones;
a mutt relentlessly gnaws at the last of my gristle.

Back in Padre Alexander's shelter I left a recuerdo:
"Here was Walter, from Managua, Nicaragua, C.A."

And here I remain.

ALBUM FAMILIAR CENTROAMERICANO (2)

1. *Alarma por masacre de ocho policías de Salcajá, Guatemala,*
atribuida a narcos del cártel mexicano de Sinaloa o Los Zetas

Mi lengua es una llave para abrir el laberinto gris
del corazón, sus recovecos de sangre.

Mis ojos son dos gotas de espejo,
mi corazón es Luna de Xelajú, alta luna líquida.

Y en mi boca una parvada de pájaros ciegos
canta una canción de cuna,
una canción de niebla mientras calla el mar
y sus jinetes de sal sueñan que no hay fronteras.

(Hui de la masacre de Salcajá.
Sé que no soy gente buena,
pero también sueño que no hay fronteras.
Aquí todo es sol, humo de holocaustos de muerte,
y el camino es agua de espejos enterrados
donde es necesario caminar hacia atrás,
llevar la espalda a cuestas y ser enterrado
boca abajo para sentir todo el peso del cielo
y de la tierra, en los brazos, en las manos.)

2. *Acusan al gobierno mexicano de facilitar ataques a migrantes*

El odio es una rama alta quebrada por el viento,
una espalda besada por los labios del dolor.

CENTRAL AMERICAN FAMILY ALBUM (2)

1. *Alarm Over Massacre of Eight Policemen in Salcajá, Guatemala: Link Seen to Sinaloa Cartel or Zetas*

My tongue is a key that opens the gray labyrinth
of the heart, its recesses of blood.

My eyes are two drops of a mirror,
my heart is the Luna de Xelajú, high liquid moon.

And in my mouth a flock of blind birds
sings a cradlesong,
a song of mist as the sea goes still
and its horsemen of salt dream
there are no borders.

(I fled from the massacre of Salcajá.
I know I am not a good man,
but I dream of no borders, too.
Here all is sun, the smoke of holocausts of death,
and the road is the water of buried mirrors
where you have to walk in reverse,
carry your back on your back and be buried
face down to feel all the weight of heaven
and earth in your arms, in your hands.)

2. *Mexican Government Charged with Aiding Assaults on Migrants*

Hate is a high tree branch snapped by wind,
a person's back kissed by lips of pain.

3. *Asaltan y dan machetazos a migrante*

Hay un país de sal debajo de mi rostro,
un rostro que yace con los ojos abiertos
para mirar dentro del corazón
de las hojas y las piedras.

¿Cómo, si estoy hecho pedazos,
seré resucitado?

4. *La Mara Salvatrucha intenta retomar control en ruta migrante de Chiapas, México*

Recuerdo que el sol—sucio—en el cielo
era una pupusa de Los Planes de Renderos,
en Panchimalco, aplastada contra el asfalto:

agonizante sobre las calles de San Salvador.

Así mis brazos o relámpagos heridos
no son otra cosa que ramitas de loroco
recién mordidas por las ruedas del tren,
aquí en Ixtepec, Oaxaca.

Y el cielo solo, vacío como un espejo
que jamás reflejará mi rostro.

5. *El "comandante" — Suele ser un zeta viejo o un cobra viejo. Esta diferencia estriba en el origen militar, para el primero, y civil, par el segundo. Ocupa el sitio del conductor. El lugar del copiloto corresponde a un zeta nuevo o un cobra nuevo o un exkaibil, soldado desertor de las fuerzas especiales guatemaltecas.*

Oh, San Cristóbal Totonicapán,
Mi eterno Valle de la Felicidad, mi hermosa
Puerta de Occidente, mi barrio de San Salvador.

3. *Migrant Suffers Machete Attack*

There's a country of salt beneath my face,
a face that keeps its eyes open
to look into the heart
of leaves and stones.

How, cut to pieces as I am,
will I be resurrected?

4. *MS-13 Seeks to Retake Control of Chiapas Migrant Route*

I remember the sun in the sky, the filthy sun,
was like a pupusa crushed against the pavement
in Los Planes de Renderos, Panchimalco:

dying on the streets of San Salvador.

So my arms, my wounded lightning-bolt arms,
are nothing but sprigs of loroco
just bitten off by the wheels of the train,
here in Ixtepec, Oaxaca.

The lone sky blank as a mirror
that will never reflect my face.

5. *Profile of a Comandante* —
> *The commander is typically a longtime Zeta or Cobra, of
> civil or military background respectively, his second in
> charge a newer Zeta or Cobra or an ex-Kaibil, a deserter
> from the Guatemalan Special Forces.*

Oh, San Cristóbal Totonicapán,
my eternal Valley of Happiness, my beautiful
Western Gate, my barrio of San Salvador.

Oh, barrio de Chigonón, sos como una mujer chapina,
de desear, como si fueses la misma Jerusalén
bailando en medio de la juncia de tus pinos,
olorosa, virgen.

Oh, Valle de la Felicidad.

Oh, Chichoy, alta por tus viudas de guerra
unidas para trabajar el cielo y la tierra,
sus cuerpos humeantes soportando
el tableteo del sol y olvidando el pasado.
Se quedaron viudas, arando y sembrando
la tierra que los militares arrasaban.

Oh, Valle de la Felicidad,
mientras los hombres combatían,
mientras los hombres morían.

Oh, mientras los militares aplastaban cuerpos
y violaban niñas en Chupol,
en su destacamento limpio
y perfumado con litros de cloro,
como todos los galpones de los genocidas.

Oh, Nueva Guatemala de la Asunción,
aquí vamos tus hijos migrando juntos,
tu hermoso hijo de milicias, tu exkaibil y yo,
muriendo juntos; yo, hijo de Chichoy,
y aquel que me asesina, él,
hijo militar de la gran aldea de Chupol,
nacido de violación:

tuve que esperar veinte años para
que la misma sangre genocida
me alcanzara en tierras mexicas.

Oh, barrio of Chigonón, you are like a Guatemalan woman
most desired, as if you were Jerusalem herself
dancing amidst the grasses and pines,
virginal and fragrant.

Oh, Valley of Happiness.

Oh, Chichoy, esteemed for your widows of war
who have joined together to work heaven and earth,
their steaming bodies enduring
the clattering sun and forgetting the past.
Widows they remain, plowing and sowing
the land the soldiers laid waste.

Oh, Valley of Happiness,
while the men were fighting,
while the men were dying.

Oh, while the soldiers crushed bodies
and raped young girls in Chupol,
in their spotless military detachment
perfumed with liters of bleach
as barracks are in every genocide.

Oh, Nueva Guatemala de la Asunción,
here depart your migrant sons together,
your handsome son of the militias, your ex-Kaibil
and I, dying together; I, son of Chichoy,
and the one who killed me, he
the military son of the great village of Chupol,
man born of rape:

twenty years I had to wait
for the same genocidal blood
to reach me on Mexican soil.

Oh, Guatemala de los Kaibiles:

debés saber que he cumplido
con creces, mi destino.

6. *Masacre en San Fernando, Tamaulipas: por negarse a ser
sicarios los fusilaron*

Hemos caído desde las fauces de *La Bestia*
sólo para caer en las garras de peores bestias,
esas que asesinan y cercenan
amparadas por la ley de las matanzas:

y hoy, como todos los días, amanece nublado
en el cielo de los migrantes.

Oh, Guatemala of the Kaibils:

know now that I
have more than fulfilled my fate.

6. Massacre in San Fernando, Tamaulipas: Shot for Refusing to Become Assassins

We fell from the jaws of The Beast
only to fall into worse beasts' clutches,
those who mutilate and murder
protected by the laws of massacre:

and today, as on every day,
there's a cloud-covered dawn
in the migrant sky.

DEL REINO E COMARCAS
DE MÉJICO

Con esto quiero acabar hasta que vengan nuevas de más egregias en maldad (si más que éstas pueden ser) cosas, o hasta que volvamos allá a verlas de nuevo, como *cincuenta años o más* ha que los veemos por los ojos sin cesar, protestando en Dios y en mi consciencia que, según creo y tengo por cierto, que tantas son las maldiciones, daños, destruiciones, despoblaciones, estragos, muertes y muy grandes crueldades horribles y especies feísimas dellas, violencias, injusticias, y robos y matanzas que en aquellas gentes *que migran y transitan* por estas tierras se han hecho (y aún se hacen hoy en todas aquellas partes *de México*), que en todas cuantas cosas he dicho y cuanto lo he encarescido, no he dicho ni encarescido, en calidad ni en cantidad, de diez mil partes (de lo que se ha hecho y se hace hoy) una.

—Fray Bartolomé de las Casas

CONCERNING THE KINGDOM
AND LOCALITIES OF MÉJICO

And here I would like to conclude this account, until such time as news of more egregious evils may arrive (if worse there can be), or until I return there to witness them again, as I have done with my own eyes without ceasing *for fifty years or more*, crying out to God and according to my conscience that, as I believe and hold to be true, so many are the curses and forms of destruction, depredation, and death, so terrible the cruelty, injustice, plunder and massacre that have been visited upon those *who migrate through these lands* (and that continue to befall them in every part *of Mexico*), that in all the things I have said and have weighed in the balance, still have I not said, nor weighed in quality or quantity, the ten-thousandth part of what has been done and continues to be done to this day.

—Fray Bartolomé de las Casas

Caravana de madres centroamericanas en busca de sus hijos desparecidos en tránsito por México

Este camino es una lengua ácida
que nos lame las llagas, el agua yugular que atraviesa,
como una lenta brasa, los ojos y el cuerpo.

El pastor de la iglesia nos explicó:

según La Palabra, entre las aguas
de los ríos Tigris y Éufrates estaba el Jardín de Dios,
esa hermosa lasca del corazón divino,
tierra de abundancia infinita en la que moraban
Adán y Eva: la perfecta creación del Señor llamada Edén.

Y entre las lenguas de fuego del río Bravo y el río Suchiate,
este enorme jardín de muerte para los niños difuntos
de Centroamérica, fértil camposanto llamado México:
lejos de Dios y cerca, muy cerca, de polleros,
policías, migras, narcos, coyotes, proxenetas,
pederastas, traficantes, asaltantes…

Caravan of Central American Mothers Crosses Mexico, Searching for Their Disappeared Children

This road is an acid tongue
that licks at our wounds, a jugular stream that pierces
our eyes and bodies like a slow-burning coal.

The pastor of our church explained:

according to The Word, between the waters
of the rivers Tigris and Euphrates lay the Garden of God,
that beautiful portion of the divine heart,
a land of infinite abundance where Adam and Eve dwelled,
the perfect creation of the Lord, called Eden.

And between the fiery tongues of the Río Bravo and the Río
      Suchiate,
this enormous garden of death for the departed children of
      Central America,
the fertile burying ground called Mexico:
far from God and so very close to smugglers,
cops, border agents, narcos, coyotes, pimps,
molesters, traffickers, thieves…

Hablan los que migran por México

1.

Arriba el temblor del cielo.

Abajo tiemblan los corazones, los rostros,
castañean los dientes y los muñones
en el frío, rechinan las hileras de dientes,
rotos como estrellas cariadas en la boca del cielo.

Arde la luna como tea inmóvil, muerta,
y *La Bestia* se alarga,
hacha de lenguas gemelas
que va partiendo la tierra
y los cuerpos que yacen a los pies de Dios.

Alguien enciende un cigarro y arden también,
por un momento, los rostros.

Los cigarrillos son tábanos de luz hiriendo el aire.

Orión agoniza en el techo del cielo,
va sin espada, lleva un machete.

El cíclope de acero repta por la espalda
de una patria muerta.

La corpulencia de *La Bestia* contrasta
con la anorexia de las sombras:

árboles esqueléticos tiemblan contra la niebla,
al igual que nosotros, harapos de carne
inmersos en la coagulación de la noche.

Voices of Migrants Through Mexico

1.

Above us, the trembling sky.

Below, our trembling hearts and faces,
arm stumps shaking from cold,
chattering, grinding teeth
broken like stars decayed in the sky's mouth.

The moon burns, a motionless dead torch,
and The Beast stretches on,
a double-tongued axe
splitting the earth in two,
splitting our bodies that lie at God's feet.

Someone lights a smoke, and for a moment
our faces burn—
the cigarettes are fireflies wounding the air.

Orion lies dying on the roof of the sky,
holding a machete, not a sword.

The steel Cyclops crawls over the back
of a dead country. Fat Beast,
starving shadows:

skeleton trees trembling in the fog
like us, rags of flesh
soaking in the blood-clotting night.

Alguien que grita contra el frío, reza:

¿Centroamérica, Centroamérica,
por qué me has abandonado?

2.

Me lleno las pupilas y las manos
con flores y cabezas recién cortadas.

Luna carnívora en traje de muerte,
roja erección de un cielo yerto,
duro sobre nuestras cabezas,
zarzas de fuego negro, dolientes.

Esféricas guillotinas
giran alrededor del corazón:

a los lados del camino cadáveres
recién nacidos, tatuados de óxido y acero
por la estampida de los caballos redondos
que cabalgan sobre raíles.

Sobre los cadáveres
las señales del fin del mundo,
los signos del abandono de Dios:

ángeles con alas de mosca hincan sus dientes
desbocados, hambrientos, sobre la carne,
pastando larvas y lunas podridas
bajo los picotazos del sol
que relincha y calcina el corazón,
ese perro dormido bajo los árboles
y la música sorda de las cigarras,

Someone cries out against the cold and prays:

Centroamérica, Centroamérica,
why have you forsaken me?

2.

My eyes and my hands
fill with flowers and heads
freshly cut.

Carnivorous moon in the guise of death,
red erection of a rigid sky
hard above our heads—these bushes
burning in pain with black fire.

Spherical guillotines
spin around my heart:

newborn corpses by the side of the road
etched with rust and steel
by circular horses
stampeding on rails.

And over these bodies,
omens of the end of the world,
signs of God's abandonment:

angels with the wings of flies
drive jagged, voracious teeth into flesh,
sowing maggots and rotten moons
into bite marks left by the sun that scorches
the heart, the heart a dog sleeping under the trees
to the muted singing of cicadas,

aquí, justo bajo el tamborileo del huracán,
y yo inmóvil, aullando lluvia negra,
silbando serpientes de agua
sobre mi sábana de arena y piedras.

3.

Aquí yazgo, subterráneo, lánguido,
durmiendo en las góndolas
como los bulbos de una flor carnívora
que sueña con abrirse a la primera caricia
de la niebla para crecer frente al abismo.

Escucho el silbo funeral del tren,
su estrépito de vertebrales máquinas:

parvadas de ángeles con alas de lluvia
vuelan hacia la nada, hacia el norte.

Y de pronto el zumbido, la ira de los tábanos
formando nubes, enjambres de rostros borrosos,
exangües, perros que lamen la sangre seca de los inocentes
y escriben el destino de su abominación
(los genocidas no saben escribir con tinta).

Balan los rebaños de migrantes y se duermen,
fríos hasta el acero, ebrios de hollín.

Sobre sus ojos apagados, sobre sus cabezas,
giran estrellas de diesel.

4.

Pero nunca pagué el "impuesto de guerra"
de las pandillas y eso me costó la muerte:

and I lie motionless here, just beneath the hurricane
that drums and howls black rain
and hisses water snakes
over my bedsheet of sand and stones.

3.

Here I lie underground, downhearted,
asleep in gondola cars like bulbs
of a flesh-eating flower that dreams
of opening at the fog's first caress,
to grow facing the abyss.

I hear the funereal whistle of the train,
its din of locomotives linked like a spine:

bands of angels with wings of rain
flying toward nothingness, heading north.

And suddenly the raging hum of clouds
of horseflies, swarms of indistinct dead faces,
dogs that lick the dried blood of the innocent,
writing out their abominable fate—
genocidal killers don't write in ink.

Flocks of migrants bleat in their sleep,
cold as steel, drunk on soot.

Over their heads, their extinguished eyes,
whirl the diesel stars.

4.

But I never paid the pandillas'
war tax, which cost me my death:

y ofrecieron mis vísceras al estrépito
de las estaciones, a la molicie de la luz
que nombra huesos con voz calcárea
y enciende en el pecho su trapo de fósforo
que restalla hondo como el trueno.

No olvides alumbrar tus ojos
con antorchas de sangre:

seré delicia de los que aduermen,
de los que lavan el cuerpo de los suicidas.

La sed es la estación más cruel,
tanto como el libro y las páginas de odio
que escribimos aquí.

Espesa, marchita, la sombra de los árboles
es imán para los pájaros.

La espiga de los cadáveres está madura
y los enemigos del amor
trillan los corazones con su hoz
de hombres rabiosos,
asesinos en horda, rojos y violentos
hasta la médula.

Y en un abrir y cerrar de alas se dará
la resurrección de los desaparecidos,
se erguirá sobre la furia y la venganza
la legión de los migrantes.

Los élitros de los insectos volverán a tajar el aire,
y el rumor ensordecedor de *La Bestia*
será sólo un eco mudo, y dejará de reptar
en dirección de la sangre.

they offered my guts to the roar
of train stations, to the bland light
that names my bones in its chalky voice
and lights its phosphorus rag in my chest
with a deep crack of thunder.

Don't forget to light your eyes
with torches of blood:

I will be the delight of those who bring on sleep,
those who bathe the bodies of suicides.

Thirst is the cruelest season,
cruel as the book of pages of hate
we've written here.

The shade of the trees is dense and dry,
a magnet for birds.

The harvest of bodies is ripe,
and the enemies of love
thresh hearts with a scythe,
men of rage, assassins in packs,
violent to the marrow of their bones.

And in a blink of wing beats
the resurrection of the disappeared
will come to pass, and legions of migrants
will rise up over vengeance and fury.

The hard wings of insects will again slice the air,
and the deafening rumble of The Beast
will be a low echo,
no longer crawling in the direction of blood.

Días y días crucificados
en los maderos que sostienen los rieles
por los que viaja el dolor del mundo,
y los huesos del migrante, dispersos todos,
se reunirán alrededor de su cuerpo sin cuerpo,
floreciendo hasta erguirse en la carne del día,
hermosamente altos, azules.

Todos regresarán del viaje hacia sí,
y en sus ojos, casamatas roídas por insectos,
crecerá nuevamente la flor de la lluvia.

Y el mar no tendrá descanso,
ni sitio donde ponerse.

Agotados, seguiremos aquí,
esperando el día de la vergüenza,
el día de la resurrección y la venganza:

con la lengua y los huesos en eterna rotación.

Day after crucified day
on the trestles that hold up the rails
where the world's pain travels,
all of the migrant's scattered bones
will gather around his bodiless body
and blossom until they stand tall
and beautiful and blue in their everyday flesh.

All will return to themselves from their travels,
and in their eyes, walled chambers
eaten by insects,
the rain flower will grow again.

And the sea will have no rest,
nor any place to lie down.

Exhausted, we'll remain right here,
awaiting the day of shame,
the day of resurrection and vengeance,

in our eternal rotation of tongue and bone.

El migrante

Y cuando despertó, *la migra* todavía estaba allí.

The Migrant

And when he woke up, *la migra* was still there.

POSFACIO

[...] Muy alto e muy poderoso señor Lector, *y tú también, mi Dios, esperando que me escuches:*

[...] Considerando, pues, yo (muy poderoso *Lector*), los males e daños, perdición e jacturas (de los cuales nunca otros iguales ni semejantes se imaginaron poderse por hombres hacer) de aquellos tantos y tan grandes e tales reinos, y, por mejor decir, de aquel vastísimo e nuevo mundo de *México* [...] siendo en aquellas tierras presente los he visto cometer; que, constándole a *la Humanidad* algunas particulares hazañas de ellos, *los que atentan contra los migrantes centroamericanos,*

No podría contenerse de suplicar a *Vd., Lector* con instancia importuna que no conceda ni permita las que los tiranos inventaron, prosiguieron y han cometido que llaman *plagio, secuestro, tortura, masacre, violación, etcétera*, en las cuales, si se permitiesen, han de tornarse a hacer, pues de sí mismas (hechas contra aquellas gentes *que migran por México*, pacíficas, humildes y mansas que a nadie ofenden), son inicuas, tiránicas y por toda ley natural, divina y humana, condenadas, detestadas e malditas;

Deliberé, por no ser reo, callando, de las perdiciones de ánimas e cuerpos infinitas que los tales perpetraran *por toda la provincia e reino de México*, poner en molde algunas e muy pocas que los días pasados colegí de innumerables, que con verdad podría referir, para que con más facilidad *Vd., amabilísimo Lector* las pueda leer,

POSTFACE

[…] Most high and powerful *Reader, and you, my God, in hopes that you might hear,*

[…] Considering the evil and harm, the perdition and ruination (the like or equal of which human beings have never before been reckoned capable of) which have been visited upon so many and such great realms, namely the vast new world of *Mexico* […] and which I, being present in these lands, have myself seen committed, and attesting to *all Humanity* the particular deeds of those *who attack and offend Central American migrants,*

I have been unable to contain myself from supplicating you most importunately, *Reader,* that you neither concede nor permit what these tyrants have invented, pursued and wrought, *namely abduction, torture, rape and massacre,* which, if these be allowed, they shall surely commit again against the peaceable and humble souls *who migrate through Mexico;* deeds which are iniquitous, tyrannous, and by all natural, divine and human law to be detested and accursed,

And thus have I deliberated, not being myself a silenced captive, to put into writing some few of the infinite perditions of bodies and souls these men have perpetrated *throughout the province and kingdom of Mexico,* and which I have gathered these past days from the innumerable instances which I could in truth relate, that you might more readily take notice of them, *my most kind Reader,*

Y puesto que [...] el ansia temeraria e irracional de los que tienen por nada indebidamente derramar tan inmensa copia de humana sangre e despoblar de sus naturales *migrantes* matando mil cuentos de gentes, aquellas tierras grandísimas, e robar incomparables tesoros *en dólares*, crece cada hora importunando por diversas vías *principalmente en las ferroviarias, por las que camina La Bestia* e varios fingidos colores, que se les concedan o permitan las dichas *masacres, genocidios, crímenes de lesa humanidad* (los cuales no se les podrían conceder sin violación de la ley natural e divina, y, por consiguiente, gravísimos pecados mortales, dignos de terribles y eternos suplicios), tuve por conveniente servir a *Vd., asombradísimo Lector* con este sumario brevísimo, de muy difusa historia, que de los estragos e perdiciones acaecidas se podría y debería componer.

Suplico a *Vd. Lector* lo resciba e lea con la clemencia e real benignidad que suele las obras de sus criados y servidores *como éste que suscribe* que puramente, por solo el bien público e prosperidad *de los derechos humanos fundamentales, de la Declaratoria Universal de los Derechos del Hombre*, servir desean. Lo cual visto, y entendida la deformidad de la injusticia que a aquellas gentes inocentes, *migrantes centroamericanos*, se hace, destruyéndolas y despedazándolas sin haber causa ni razón justa para ello, sino por sola la codicia e ambición de los que hacer tan nefarias obras pretenden, *Vd. Lector* tenga por bien de con eficacia suplicar e persuadir a otros, a *¿Dios, quizá?* que deniegue a quien las pidiere tan nocivas y detestables empresas, antes ponga en esta demanda infernal perpetuo silencio, con tanto terror, que ninguno sea osado desde adelante ni aun solamente se las nombrar.

And given the reckless and unreasonable eagerness of those who count as nothing the spilling of immense quantities of human blood and the removal of these *migrants* from their properly native lands, killing many thousands of people and stealing incomparable wealth *in dollars*, these men grow stronger by the hour in importuning, by various feigned colors and by divers paths, *principally the railways over which The Beast makes its way*, to be allowed such *massacres, genocides, and crimes against humanity* (the like of which can never be conceded to them without the violation of natural and divine law, and therefore the commission of gravest mortal sin worthy of terrible, eternal torments), I have thought it best to serve *you, most astonished Reader*, with this briefest summary of the otherwise vast history of ravages and perditions which might and ought yet one day be written.

I therefore beg of you, *Reader*, to receive this work with the grace and kindness you bestow on all your servants who desire, as does *your faithful subject here undersigned, no more than to serve the cause of public good and well-being, including the Universal Declaration of Human Rights*. And I beg of you, *Reader*, that once you have seen and understood the deformity of injustice wrought upon these innocent *migrants of Central America*, slaughtered and dismembered for no just cause or reason but for nefarious ambition and covetousness, to find the good will to supplicate and persuade *others, and even our God*, to deny with perpetual silence, and with fear and terror, anyone who proposes to undertake such baneful and detestable enterprises, so that no one henceforth will dare even to mention them.

Cosa es esta (muy alto *Lector*) convenientísima e necesaria para que todo el *Estado mexicano*, espiritual y temporalmente, Dios lo prospere e conserve y haga bienaventurado. Amén.

—Fray Bartolomé de las Casas

This is a thing most proper and needful, *esteemed Reader*, so that God might grant *the entire Mexican nation* spiritual and temporal prosperity, and preserve it and bless it. Amen.

—Fray Bartolomé de las Casas

Fue escrita la presente obra y palimpsesto en la muy noble e muy leal ciudad de Jovel / Ciudad Real / San Cristóbal de las Casas, Altos de la Provincia de las Chiapas, Centroamérica, en casa de mi mujer y mis hijos, todos lectores de libros. A Jehová, mi Dios, y a Jesucristo, mi Salvador. Año de MMXIV.

—Balam Rodrigo

El traductor también desea agradecer a la Corporación de Yaddo, por una residencia que apoyó la realización de este trabajo.

—Dan Bellm

The present work and palimpsest was written in the most noble and faithful city of Jovel / Ciudad Real / San Cristóbal de las Casas, in the highlands of the province of Chiapas, Central America, in the house of my wife and children, devoted readers of books. To God and Christ my Savior. Year MMXIV.

—Balam Rodrigo

The translator also wishes to thank the Corporation of Yaddo, for a residency which supported the completion of this work.

—Dan Bellm

NOTAS

"Sermon del Migrante (Bajo una Ceiba)"

Francisco Morazán (1792-1842): Presidente de la República de Centroamérica de 1830 a 1839. El epígrafe es de la última voluntad y testamento de Morazán, dictado horas antes de su asesinato en San José, Costa Rica, el 15 de septiembre de 1842.

La Bestia: Una red de trenes de mercancías utilizados por migrantes con destino a Estados Unidos, en su mayoría de Centroamérica, para cruzar todo México. Hasta 500.000 inmigrantes al año viajan en estos trenes, un modo de viaje extremadamente peligroso.

Río Lempa: Río centroamericano que fluye desde el montañas de Guatemala hasta el Océano Pacífico en El Salvador.

"Vámonos patria, a migrar..."

Esta línea hace eco de una obra del poeta y revolucionario guatemalteco Otto René Castillo (1934-1967), "Vámonos patria a caminar, yo te acompaño".

"Suchiate, Chiapas"

"Vine a este lugar...": La línea hace eco de la primera frase de la novela de Juan Rulfo, *Pedro Páramo*.

Los hombres de maíz: En la creencia tradicional maya, el maíz es el espíritu de la vida misma, del cual se formaron las primeras personas.

Kaibiles: Operaciones especiales / ala de contra-insurgencias de las Fuerzas Armadas de Guatemala.

Xibalba: "Lugar del miedo", el inframundo en la mitología maya Quiché, gobernado por los dioses de la muerte y sus ayudantes.

NOTES

"Sermon of the Migrant"

Francisco Morazán (1792-1842): President of the Federal Republic of Central America from 1830 to 1839. The epigraph is from Morazán's last will and testament, dictated hours before his assassination in San José, Costa Rica, September 15, 1842.

The Beast (La Bestia): A network of freight trains used by U.S.-bound migrants, mostly from Central America, to cross the length of Mexico. As many as 500,000 migrants a year ride atop these trains, an extremely dangerous mode of travel.

Río Lempa: Central American river flowing from the mountains of Guatemala to the Pacific Ocean in El Salvador.

"Let's go, country…"

This line echoes a work by Guatemalan poet and revolutionary Otto René Castillo (1934-1967), "Vámonos patria a caminar, yo te acompaño" (Let's go, country, I will go with you.)

"Suchiate, Chiapas"

"I came to this place…": The line echoes the opening of Juan Rulfo's novel, *Pedro Páramo*.

Corn People: In traditional Mayan belief, corn is the spirit of life itself, from which the first people were made.

Kaibiles: Special operations/counterinsurgency wing of the Guatemalan Armed Forces.

Xibalba: "Place of Fear," the underworld in Quiché Maya mythology, ruled by the death gods and their helpers.

tzompantli: Un estante de madera o empalizada documentada en aztecas y otras civilizaciones mesoamericanas, utilizado para la exhibición pública de cráneos humanos, por lo general los de los cautivos de guerra u otras víctimas de sacrificio.

Polleros, o *coyotes*: Los traficantes de personas que operan a lo largo de la frontera México-EE.UU.

"Habla Bal'am K'itze' (Popol Wuj)"

Balam K'itzé (o *Quiché*): En la tradición maya, el primero del "pueblo del maíz" creado en la tierra por los dioses; el nombre significa "jaguar sonriente (o riendo)".

Popol Vuh (*Libro del pueblo*): Narración de la creación del pueblo K'itzé (Quiché) del altiplano noroccidental de Guatemala, escrita por primera vez a partir de la tradición oral alrededor de 1550. De la historia de la creación en la Parte 1, Capítulo 2 del Popol Vuh: "Y los Progenitores dijeron: ¿Habrá sólo el silencio y la quietud bajo los árboles y las enredaderas (bejucos)? Mejor para ellos en adelante tener protectores... Entonces hicieron a los pequeños animales de las colinas, los guardianes de todos los bosques, los espíritus de las montañas, los ciervos, pájaros, leones, tigres, serpientes, serpientes y víboras, guardianes de los enredaderas..."

"Tapachula, Chiapas"

Efraín Ríos Montt (1926-2018): General guatemalteco quien se convirtió en presidente y dictador en un golpe de 1982, derrocado por otro golpe en 1983; condenado por un tribunal guatemalteco en 2013 por ordenar la muerte de más de 1.700 ixiles, un pueblo indígena maya.

San Gaspar Chajul: Uno de los tres principales municipios guatemaltecos en los que viven los ixiles.

tzompantli: A wooden rack or palisade documented in Aztec and other Mesoamerican civilizations, used for the public display of human skulls, typically those of war captives or other sacrificial victims.

Polleros, or *coyotes*: Human smugglers operating along the Mexico-U.S. border.

"Balam K'itzé Speaks"

Balam K'itzé (or *Quiché*): In Maya tradition, the first of the "Corn People" created on earth by the gods; the name means "smiling (or laughing) jaguar."

Popol Vuh (Book of the People): The cultural and creation narrative of the K'itzé (Quiché) people of the northwestern Guatemalan highlands, first written down from oral tradition in about 1550. From the creation story in Part 1, Chapter 2 of the Popol Vuh: "And the Progenitors said: Will there be only silence and stillness beneath the trees and climbing vines (bejucos)? Better for them henceforth to have protectors... Then they made the small animals of the hills, the guardians of all the forests, the mountain spirits, the deer, birds, lions, tigers, serpents, snakes, and vipers, guardians of the climbing vines..."

"Tapachula, Chiapas"

Efraín Ríos Montt (1926-2018): Guatemalan general who became president and dictator in a 1982 coup, overthrown by another coup in 1983; convicted by a Guatemalan court in 2013 for ordering the deaths of over 1,700 Ixil, an indigenous Maya people.

San Gaspar Chajul: One of three main Guatemalan municipalities in which the Ixil live.

"Emigra el quetzal hacia la biosfera del volcán Tacaná"

Ubico: Jorge Ubico (1878-1946): General del ejército guatemalteco que gobernó como dictador de 1931 a 1944 y fue destituido por un levantamiento a favor de la democracia.

Río Suchiate y *Río Bravo* (llamado Río Grande en los EE. UU.): Los ríos que forman en parte las fronteras sur y norte de México.

"Tonalá, Chiapas"

MS-13, alias la Mara Salvatrucha: Banda criminal que se originó en Los Ángeles en la década de 1980 y ahora ejerce una gran influencia en Guatemala, Honduras y El Salvador.

Pandilleros: Miembros de una banda criminal (una *pandilla*, o *mara*.)

La Selecta: La selección de El Salvador.

El Mágico González (1958-): Legendario delantero de fútbol salvadoreño que jugó una carrera senior de 24 años, principalmente con FAS (El Salvador) y Cádiz (España). Su movimiento más famoso fue la culebrita macheteada.

Roque Dalton (1935-1975): poeta salvadoreño y activista revolucionario, asesinado en 1975 por una facción de su propia organización, el Ejército Revolucionario del Pueblo.

"Coatzacoalcos, Veracruz"

Los versos citados provienen del corrido "Tres Veces Mojado" de Los Tigres del Norte.

"Tenosique, Tabasco"

Chepe Luna: José Natividad Luna Pereira, un fundador de los Perrones, una de las primeras redes de contrabando de cocaína en El Salvador; asesinado en Honduras en junio de 2014.

"The Quetzal Migrates North"

The tyrant Ubico: Jorge Ubico (1878-1946): Guatemalan army general who ruled as dictator from 1931 to 1944, and was removed by a pro-democracy uprising.

Río Suchiate and *Río Bravo* (called the Rio Grande in the U.S.): The rivers partly forming the southern and northern borders of Mexico.

"Tonalá, Chiapas"

MS-13, aka the *Mara Salvatrucha:* Criminal gang originating in Los Angeles in the 1980s, now wielding extensive influence in Guatemala, Honduras, and El Salvador.

Pandilleros: Members of a criminal gang (a *pandilla,* or *mara.*)

La Selecta: El Salvador's national soccer team.

El Mágico González (1958-): Legendary Salvadoran soccer forward who played a 24-year senior career, mainly with FAS (El Salvador) and Cádiz (Spain). His most famous move was *la culebrita macheteada* (the machete-chopped snake).

Roque Dalton (1935-1975): Salvadoran poet and revolutionary activist, killed in 1975 by a faction of his own organization, the People's Revolutionary Army.

"Coatzacoalcos, Veracruz"

Corridos: Traditional Mexican story ballads. The two quoted verses come from the corrido "Tres Veces Mojado" ("Three Times a Wetback") by Los Tigres del Norte.

"Tenosique, Tabasco"

Chepe Luna: José Natividad Luna Pereira, a founder of the *Perrones,* one of the first cocaine smuggling networks in El Salvador; murdered in Honduras in June 2014.

Malverde: Jesús Malverde (1870-1909), Héroe popular estilo "Robin Hood" y "santo patrón" de los narcotraficantes mexicanos.

La Letra: Nombre en clave de Los Zetas, el sindicato criminal mexicano y cartel de la droga.

Pupusas: Tortas gruesas a la plancha, típicas de El Salvador y Honduras.

Loroco: Una vid con hojas comestibles, una importante fuente de alimento en El Salvador y Guatemala.

Mordida: Un soborno exigido por un policía corrupto u otro funcionario.

"Nuevo Laredo, Tamaulipas"

San Pedro Sula: La segunda ciudad más grande de Honduras, ha sido llamada la ciudad más violenta del mundo.

"Migrant's Prayer"

Tegus: Tegucigalpa, capital de Honduras.

"Tultitlán, State of Mexico"

Nacatamales: Tortitas de maíz al vapor, más grandes que las tamales mexicanas, rellenas de carne y vegetales y envueltas.

Nezquiza: Celebración tradicional y bendición ritual de maíz, practicado por comunidades indígenas de Nicaragua.

"Album Familiar Centroamericano (2)

Cartel de Sinaloa: Red internacional de tráfico de Drogas fundada en el estado de Sinaloa, México, en la década de 1980; anteriormente dirigido por Joaquín "El Chapo" Guzmán Loera, ahora en una prisión federal de EE. UU.

Banda: A regional music of small brass and percussion bands originating in southern and central Mexico.

Narcocorridos: Corridos that tell of and often glorify narco-trafficking culture.

Malverde: Jesús Malverde (1870-1909), Robin Hood-style folk hero and "patron saint" of Mexican drug traffickers.

La Letra ("the letter"): Code name for *Los Zetas* (The Zs), the Mexican criminal syndicate and drug cartel.

Pupusas: Thick grilled cakes, typical of El Salvador and Honduras.

Loroco: A vine with edible leaves, a significant food source in El Salvador and Guatemala.

Mordida: lit., "bite." A bribe exacted by a corrupt cop or other official.

Hijueputa: Colloquial shortening of hijo de puta, son of a bitch.

"Nuevo Laredo, Tamaulipas"

San Pedro Sula: The second-largest city in Honduras, it has been called the most violent city in the world.

"Migrant's Prayer"

Tegus: Tegucigalpa, capital of Honduras.

"Tultitlán, State of Mexico"

Nacatamales: Steamed corn cakes, larger than Mexican tamales, stuffed with meat and vegetables and wrapped in banana leaves.

Nezquiza: Traditional celebration and ritual blessing of corn, practiced by indigenous communities of Nicaragua.

Recuerdo: A memento, keepsake, or memorial.

Cobras, Kaibiles: Unidades élite de contra-insurgencia de las Fuerzas Armadas de Guatemala.

Xelajú: El nombre maya de Quetzaltenango, una ciudad, municipio y departamento del suroeste de Guatemala.

Los Planes de Renderos, Panchimalco: Un parque popular al sur de la ciudad capital de San Salvador.

San Cristóbal Totonicapán: Municipio en el Departamento de Totonicapán en el suroeste de Guatemala.

Nueva Guatemala de la Asunción: El nombre original y aún oficial de la Ciudad de Guatemala, fundada en 1776.

"El migrante"

Este poema de una sola línea hace eco de "El dinosaurio", una historia del escritor hondureño-guatemalteco Augusto Monterroso, que dice en su totalidad, "Cuando despertó, el dinosaurio todavía estaba allí".

140

"Central American Family Album (2)"

Sinaloa cartel: International drug trafficking network founded in the state of Sinaloa, Mexico, in the 1980s; formerly led by Joaquín "El Chapo" Guzmán Loera, now in U.S. federal prison.

Cobras, Kaibils: Elite counterinsurgency units of the Guatemalan Armed Forces.

Xelajú: The Maya name of Quetzaltenango, a city, municipality, and department in southwestern Guatemala.

Los Planes de Renderos, Panchimalco: A popular park south of the capital city of San Salvador.

San Cristóbal Totonicapán: Municipality in the Totonicapán department of southwestern Guatemala.

Nueva Guatemala de la Asunción: New Guatemala of the Assumption, the original and still official name of Guatemala City, founded in 1776.

"The Migrant"

This one-line poem echoes "The Dinosaur," a story by Honduran-Guatemalan writer Augusto Monterroso, which reads in its entirety, "Cuando despertó, el dinosaurio todavía estaba allí." (When he woke up, the dinosaur was still there.)

AGRADECIMIENTOS

Muchas gracias a los editores de las publicaciones en las que aparecieron por primera vez algunas de estas traducciones:

Asymptote:
Sermón del Migrante (Bajo una Ceiba)
16°07'12.1" N 93°48'11.7" W – (Tonalá, Chiapas)
Identifican restos de 8 migrantes hondureños
        asesinados en México
Oración del migrante

Poem-a-Day (Academy of American Poets):
Las Patronas

Poetry International:
14°54'18.8" N 92°21'14.1" W – (Huehuetán, Chiapas)
25°46'27.3" N 103°15'43.2" W – (Francisco I. Madero,
        Coahuila)
19°35'29.9" N 99°09'03.3" W – (Tultitlán, Estado de
        México)
Hablan los que migran por México (1)
Oración del migrante
Las Patronas

ACKNOWLEDGMENTS

Many thanks to the editors of publications in which some of these translations first appeared:

Asymptote:
Sermon of the Migrant (Beneath a Ceiba Tree)
16°07'12.1" N 93°48'11.7" W – (Tonalá, Chiapas)
Remains Identified of Eight Honduran Migrants Killed
     in Mexico
Migrant's Prayer

Poem-a-Day (Academy of American Poets):
The Patron Saints

Poetry International:
14°54'18.8" N 92°21'14.1" W – (Huehuetán, Chiapas)
25°46'27.3" N 103°15'43.2" W – (Francisco I. Madero,
     Coahuila)
19°35'29.9" N 99°09'03.3" W – (Tultitlán, State of
     Mexico)
Voices of Migrants Through Mexico (1)
Migrant's Prayer
The Patron Saints

BIOGRAFÍAS

Balam Rodrigo es un poeta residente en San Cristóbal de las Casas, Chiapas, México. Nacido en Soconusco, Chiapas, ha publicado más de 20 libros de poesía, tiene un B.S. en Biología de la Universidad Nacional Autónoma de México, y está certificado en teología pastoral. Junto con el Premio Bellas Artes de Poesía Aguascalientes en 2018 por el *Libro centroamericano de los muertos*, su obra ha recibido más de 40 premios internacionales, nacionales, regionales y estatales, y sus poemas han sido traducidos al inglés, portugués, zapoteco, polaco. y francés.

Dan Bellm es un poeta y traductor que vive en Berkeley, California. Libros recientes de poesía traducida incluyen *Speaking in Song*, de Pura López Colomé (2017), *Song of the Dead*, de Pierre Reverdy (2016), y *Description of a Flash of Cobalt Blue*, de Jorge Esquinca (2015). Sus cinco libros de poemas incluyen *Counting* (2023), *Deep Well* (2017) y *Practice* (2008), ganador del California Book Award. Ha enseñado traducción literaria y poesía en la Universidad de Antioch de Los Ángeles, y se desempeña como intérprete voluntario para inmigrantes centroamericanos que solicitan asilo en EE.UU., para el Centro Legal de la Raza, Oakland.

BIOGRAPHIES

Balam Rodrigo is a poet living in San Cristóbal de las Casas, Chiapas, Mexico. Born in Soconusco, Chiapas, he has published over 20 books of poetry, holds a B.S. in Biology from the National Autonomous University of Mexico, and is certified in pastoral theology. Along with the Premio Bellas Artes de Poesía Aguascalientes in 2018 for *Central American Book of the Dead*, his work has received more than 40 international, national, regional, and state awards, and his poems have been translated into English, Portuguese, Zapotec, Polish and French.

Dan Bellm is a poet and translator living in Berkeley, California. Recent books of poetry in translation include *Speaking in Song*, by Pura López Colomé (2017), *The Song of the Dead*, by Pierre Reverdy (2016), and *Description of a Flash of Cobalt Blue*, by Jorge Esquinca (2015). His five books of poems include *Counting* (2023), *Deep Well* (2017), and *Practice* (2008), winner of the California Book Award. He has taught literary translation and poetry at Antioch University Los Angeles, and serves as a volunteer interpreter for Central American immigrants and asylum seekers at Centro Legal de la Raza, Oakland.

banco de los palabras:

que nan hacaecido - what has happened
contra - against
dios - god
nubes - clouds
tierra - land
vine - I came

CPSIA information can be obtained
at www.ICGtesting.com
Printed in the USA
BVHW070906090323
660077BV00014B/309